刘国新 · 主编

读点国史

辉煌年代国史丛书

继往开来

1997年的中国

朱地　张志明　著

四川人民出版社

图书在版编目（CIP）数据

继往开来：1997 年的中国/朱地，张志明著.
—成都：四川人民出版社，2017.12（2024.7 重印）
（读点国史：辉煌年代国史丛书）
ISBN 978－7－220－10481－7

Ⅰ.①继… Ⅱ.①朱…②张… Ⅲ.①中国历史
－1997 Ⅳ.①K275

中国版本图书馆 CIP 数据核字（2017）第 278315 号

JIWANG KAILAI：1997NIAN DE ZHONGGUO
继往开来：1997 年的中国
朱地　张志明　著

策划组稿	谢　雪
责任编辑	董　玲　谢　寒
封面设计	张迪茗
内文设计	戴雨虹
责任校对	申婷婷
责任印制	祝　健
出版发行	四川人民出版社（成都市三色路 238 号）
网　　址	http://www.scpph.com
E-mail	scrmcbs@sina.com
新浪微博	@四川人民出版社
微信公众号	四川人民出版社
发行部业务电话	（028）86361653　86361656
防盗版举报电话	（028）86361653
照　　排	四川胜翔数码印务设计有限公司
印　　刷	四川五洲彩印有限责任公司
成品尺寸	165mm×240mm
印　　张	15.5
字　　数	161 千
版　　次	2018 年 6 月第 1 版
印　　次	2024 年 7 月第 3 次印刷
书　　号	ISBN 978－7－220－10481－7－01
定　　价	59.80 元

总 序

◎李 捷

肩负起以史为鉴、资政育人的神圣使命

《读点国史：辉煌年代国史丛书》主编刘国新同志要我为丛书写篇序。要说的很多，想来想去，还是从国史的地位和国史研究的意义说起。

2013年6月25日，习近平总书记在中共中央政治局第七次集体学习时提出："学习党史、国史，是坚持和发展中国特色社会主义、把党和国家各项事业继续推向前进的必修课。"这就把党史、国史的学习、宣传和研究提到很高的地位。

学习、宣传和研究国史，有助于我们认清党和国家发展的历史方位，认清肩负的历史责任和神圣使命，更加坚定自觉地坚持和发展中国特色社会主义。中华人民共和国如今已经走过近七十年的光辉历程。这个光辉历程，是中华民族伟大复兴史的辉煌篇章。新中国的成立，标志着中华民族伟大复兴第一个历史任务的实现，中华民族的历史从此进入一个新纪元。但是，这只是万里长征走完第一步，中国共产党继续承担起为实现国家繁荣富强、人民共同富裕的中华民族伟大复兴第二大历史任务。为此，我们完成了社会主义革命，进行了社会主义建设，进行了改革开放新的伟大革命，终于找到了中国特色社会主义这一实现中华民族伟大复兴的必由之路。重温这段历史就会发现，中国共产党领导、马克思主义指导、改革开放和中国特色社会主义道路，都是历史和人民的选择。中国革命、建设和改革为什么只能由中国共产党来领导，而不能由其他政党来领导？为什么中华民族伟大复兴只能以马克思主义为指导，而马克思主义又必须同中国实际相结合？为什么中国只能走社会主义道路，其他的道路为什么走不通？这些本需要从理论上用许多笔墨来阐释的道理，只要站在人民的立场上，紧密结合中国革命、建设和改革的历程，就不难得到解答。这本身就说明，科学理论的逻辑根植于历史发展的总趋势和总脉络之中。只要是站在人民大众的立场，而不是站在少数人的立场，秉承实事求是的原则，而不是抱有某些先入为主的偏见，就不难得出历史的结论。因此，国史同党史一样，都是认清历史方位、历史走向、历史结论最为生动的教科书。

学习、宣传和研究国史，有助于我们深入理解马克思主义中国化的探索史和发展史。新中国所取得的巨大成就，就在于执政的中国共产党是一个在理论上富于探索和创新精神的马克思主义政党。这种理论创新，根源于马克思主义指导，根源于马克思主义基本原理与实际的结合和运用，更根源于自身的历史和实践，根源于历史经验和实践经验的科学总结。马克思主义中国化，都是科学总结党和国家历史正反两方面经验的结果，都是在此基础上对中国革命基本规律、基本理论、基本路线、基本纲领、基本经验的认识产生新飞跃的结晶。改革开放以来逐步形成的党在社会主义初级阶段的基本理论、基本路线、基本纲领、基本经验、基本要求，也是在一代又一代党和国家领导人的带领下，经过不断艰辛探索，不断概括总结，不断推动理论创新和实践创新的基础上，接力发展得来的。尽管改革开放以前的探索经历过严重的曲折，直到党的十一届三中全会成功实现伟大的历史性转折之后，这一探索才真正走上了中国特色社会主义的康庄大道。但历史是不能割断的。改革开放以前成功的探索所提供的宝贵经验、理论准备、物质基础是宝贵财富，改革开放以前严重失误的探索所提供的历史借鉴同样是使我们党坚定不移地走上中国特色社会主义道路的宝贵财富。为什么说无论搞革命、搞建设、搞改革，道路问题都是最根本的问题？为什么说新中国的一切成就，归结到一点，就是开辟形成确立了中国特色社会主义道路、中国特色社会主义理论体系、中国特色社会主义制度？要正确回答这些问题，必须系统地而不是零散地学习研究共和国的历史，深入地了解党的治国理论是如何从自身的历史和实践中总结出来的，又是如何随着时代和实践的发展变化而不断丰富、完善、创新、发展的。因此，国史是深刻理解马克思主义基本原理和科学社会主义原理在中国的成功运用和创造性发展最为生动的教科书。

学习、宣传和研究国史，有助于我们深入把握历史发展的主题和主线、主流与本质，更加自觉地划清历史唯物主义同历史虚无主义的原则界限，增强辨别真伪、明辨是非的能力。新中国成立后我们也有过“大跃进”和“文化大革命”这种全局性的严重失误。然而，这些曾经给建设事业造成严重损失的失误，都依靠党和国家自身得到了彻底纠正。不仅如此，从这些失误中得到的教训，还转化为实现伟大历史转折、推动党在理论上更加成熟、成功开辟新路的宝贵财富。正所谓“吃一堑长一智”。只要我们把这些作为完整的历史过程联系起来看，既看到党和国家在艰辛探索中犯错误的历史，也看到党和国家自觉纠正错误探寻新路的历史，更看到党和国家在探索中走向成熟、走向辉煌的历史，就不难认清新中国历史的主题和主线、主流和本质。为什么说必须坚持改革开放前后两个历史时期的辩证统一，既不能用改革开放后否定改革开放前的历史，也不能用改革开放前否定改革开放后的历史，其深刻的道理就在这里。自中国共产党成立之日起，党团结带领全国各族人民为实现民族独立、人民解放和国家繁荣富强、人民共同富裕这两大历史任务而不懈奋斗，这就是国史的主题和主线。一部共和国史，就是党领导人民完成新民主主义革命和社会主义革命、进行社会主义建设和改革开放新的伟大革命的历史，就是不断推进马克思主义中国化，最终形成中国特色社会主义道路、理论和制度的历史，就是党在中国革命、建设和改革各个历史时期坚持全心全意为人民服务的宗旨、永葆先进性和纯洁性的历史。这就是国史的主流和本质。在这方面，通过拨乱反正实现伟大历史转折形成的第二个历史决议，为我们用历史唯物主义正确对待历史树立了榜样。历史反复证明，把握国史的主题和主线、主流和本质，不但不会妨碍对自身所犯错误的反思与纠正，而且正是彻底纠正错误、总结经验、吸取教训的科学前提。这正是历史唯物主义同历史虚无主义的根本区别。因此，国史是启迪人们从成功中吸取经验、从失误中吸取教训，不断开辟走向胜利的道路、提高领导水平和执政能力最为生动的教科书。

学习、宣传和研究国史，还有助于我们弘扬中国精神、凝聚中国力量，团结一切可以团结的力量，调动一切可以调动的积极因素，为实现民族复兴“中国梦”而奋斗。新中国在不同历史时期形成了雷锋精神、“铁人”精神、“两弹一星”精神、改革开放时代精神等，形成了理论联系实际、密切联系群众、批评和自我批评的优良传统作风。毛泽东、刘少奇、周恩来、朱德、任弼时、邓小平、陈云等老一辈革命家不仅亲手培育了这些精神和优良传统作风，而且身体力行、率先垂范，为我们党树立了坚持理想信念和党性修养的精神与道德的楷模。无论在发展顺利之时，还是身处逆境之时，中国共产党人始终秉持理想信念的力量，秉持崇高精神的力量，所向披靡，无坚不摧。中国共产党用牺牲了上千万英雄儿女的事实，用自身的先锋模范作用，用革命、建设和改革的辉煌业绩，用全心全意为人民服务的赤诚，感召了全中国各族人民聚集在中国特色社会主义旗帜之下，为实现民族复兴“中国梦”而共同奋斗。因此，国史是继承中华文明5000多年优良传统，坚持近代170多年以来形成的革命传统，在当代弘扬中国精神、凝聚中国力量最为生动的教科书。

研究国史是神圣的事业，一定要投入真感情。也就是说，不仅仅要把研究国史看成是一项工作，有科学严谨的研究方法和研究态度，更要把研究国史看成是一份神圣的事业，一份值得投入精力、倾注感情的事业。有了这份深厚的感情，才能有研究的动力和出发点，也才能取得经得住时间检验的科研成果。《读点国史：辉煌年代国史丛书》由一批国史研究领域的专家担纲撰写，他们有专业背景，曾承担过国家级重大课题，也都有个人的研究著述，形成学风严谨、功力扎实的品格。我相信这套丛书是他们用心写就的。

如今社会上存在着一种质疑国史和党史的倾向，这种质疑恰恰是对历史缺乏深入了解的结果。一方面，极少数人为了某种目的，想要刻意否定这段历史，因此就把历史上共产党人的缺点和错误无限夸大，这是一种歪曲历史的行为；另一方面，有些人以“历史解密”“历史内幕曝光”为噱头，在网上抛出许多没有依据的、鲜为人知的历史来吸引人们的好奇心和注意力，这也是对历史的一种误导。这套丛书以正史的姿态普及国史知识。它所选取的12个年份，是有影响和充实着重大事件的12年，构成了共和国历史的基本框架。该丛书采用纪事本末体，分别立传，既不歪曲历史也不误导读者。创作理念上以平实为要，不求新奇，不发空论。古代史学家刘知幾认为“良史以实录直书为贵”，顾炎武也说“古人作史有不待论断而于序事中即见其指者”，都讲的是论从史出的道理。该丛书秉承了中国史学的这一传统。在行文上力求鲜活、生动、明快。内容铺陈上又能做到严谨而不失于呆板，摆脱了偏重政治史的范式，特别注意对社会风尚、时代精神、民间习俗以及大众意识的描述，每一本书相对来说都有一个知识增量。

站在今天去理解历史、感知历史，可以更好地把握未来。我们在感知共和国脉搏律动的同时，也在书写共和国不同凡响的篇章。一位老同志曾经说过，共和国千秋万代，国史研究也千秋万代。让我们在千秋万代的事业中贡献自己的一点一滴。

总前言

◎刘国新

在中华人民共和国成立近七十周年之际，将自己多年的研究成果和心得付梓，是从事国史研究的专业人士理应做到的分内之事。

2013年6月25日，习近平总书记在中共中央政治局第七次集体学习时提出："学习党史、国史，是坚持和发展中国特色社会主义、把党和国家各项事业继续推向前进的必修课。"把党史、国史的学习提到各项事业前进的必修课的高度，这还是第一次。《读点国史：辉煌年代国史丛书》正是落实习近平这个号召的具体行动。它以正史的姿态普及国史知识，用它的品位在"读点国史"中尽一份社会责任。

这套《读点国史：辉煌年代国史丛书》选择在共和国历史上产生过重大影响或者引起社会加速发展并充实着重大事件的12个年份为时间节点，一年一本，各自成卷，构成了共和国历史的基本框架。

如果从完整的纪年看，1950年无疑是新中国的第一年。中国20世纪最伟大的女性、被人们称为"国之瑰宝"的宋庆龄，当年是中央人民政府副主席，她将1950年称作"第一年的新中国"。

这一年，我们的共和国到处洋溢着欣欣向荣的新气象。新社会、新政府、新生活、新天地……大到国家关系，小到百姓的日常起居，人们都实实在在地感受到新旧社会两重天，感受到中国的历史巨变。当然，这仅仅是开始，更为波澜壮阔的变迁还在后面。在共和国历史中，1950 年之所以具有里程碑意义，就在于它是“一元初始，万象更新”。

1954 年之所以是“大业宏图”，皆因这一年召开了第一届全国人民代表大会，毛泽东主持制定了共和国第一部宪法。中国第一次以大国身份出席重要的国际会议，提出划时代的和平共处五项原则，为建立国际关系新秩序奠定了坚实的理论基础和令人信服的实践基础。这一年又是过渡时期总路线公布后的第一年，公私合营和农业合作化运动，迈出了决定性的一步。

1956 年，社会主义改造全面完成。接下来召开的中共八大清醒地认识到我国无产阶级和资产阶级之间的矛盾已经基本解决，国内主要矛盾是人民对于建立先进的工业国的要求同落后的农业国的现实之间的矛盾，是人民对于经济文化迅速发展的需要同当前经济文化不能满足人民需要的状况之间的矛盾。为此，党和国家的工作重点就是把我国尽快地从落后的农业国建设成为先进的工业国。这一年，“双百”方针的提出，“向科学进军”的号召，使整个科学文化事业呈现出勃勃生机。1956 年的的确确是“意气风发”的一年。

从 1956 年至 1966 年的十年是共和国开始全面建设社会主义的十年。这其中既充满艰辛的探索，也不可避免地在探索中曲折发展。这十年间，有代表性的是 1962 年。年初召开的七千人大会，初步总结了“大跃进”以来的经验教训，对推动国民经济全面调整起到了积极作用。9月召开的党的八届十中全会未使“左”倾错误在经济工作的指导思想上得到彻底纠正，而在政治和思想文化方面还有发展。国内形势困难曲折，国际局势错综复杂。印度不断在中印边界制造事端，中国军队被迫自卫反击。中苏两党分歧加剧，国际共运的争论和分歧达到新阶段。用“关山飞渡”来概括这一年，较为贴切。

1976年可谓大悲大喜。“文化大革命”这一全局性的错误至此已进入第十个年头，三位伟人相继离世，“四人帮”倒行逆施，唐山大地震损失惨重，国民经济濒临崩溃边缘。中国人民在关乎国家与民族命运的大搏斗中终于再次赢得胜利。噩梦醒来，艳阳高照。所谓“激荡岁月”，暗含这一年各种矛盾胶着、较量，经历着动荡和激变，代表着正义的力量终于取得了胜利的那样一种状态。

1978年是共和国历史上经历伟大转折的一年。粉碎“四人帮”后，我党为肃清“左”的影响，为发展国民经济进行了大量的卓有成效的工作，但也遇到阻力。关于真理标准问题的大讨论，在全党再次确立了实事求是的思想路线。党的十一届三中全会的召开，在政治、思想、组织等领域全面开始了拨乱反正，揭开了改革开放的序幕，标志着一个新时代的开始，“伟大转折”成为新的起点。

1984年，农村改革使粮食产量第一次突破4亿吨，基层政权建设完成了政社分离，建立了乡政府和村民委员会，人民公社体制不复存在。党的十二届三中全会的决定突破了把计划经济同商品经济对立起来的传统观念，为经济体制改革提供了新的理论指导，改革的重点从农村转向城市。对外开放迈出新的步伐，开放14个沿海港口城市。根据“一国两制”的构想，中英两国政府签订了联合声明，香港问题圆满解决。这一年，可谓“春潮涌动”。

1992年，邓小平视察南方并发表重要谈话，从理论上深刻回答了长期困扰和束缚人们思想的许多重大问题。同年召开的党的十四大作出三项具有深远意义的决策：确立邓小平中国特色社会主义理论在全党的领导地位；明确我国经济体制改革的目标是建立社会主义市场经济体制；强调抓住机遇，加快我国经济社会的发展，推进改革开放跃上新台阶，中国改革开放的大船“迎风破浪”，驶上新的航程。

1997年，江泽民在党的十五大报告中，进一步阐述邓小平理论的历史地位和指导意义，进一步阐述党在社会主义初级阶段的基本路线和基本纲领，并就建设中国特色社会主义的政治、经济、文化作出全面部署，确定了跨世纪发展的宏伟蓝图，明确回答了国际国内普遍关注的邓小平逝世后中国怎样“继往开来”的重大问题。

2003年，是中国发展进程中重要而非同寻常的一年，也是改革开放和社会主义现代化建设取得显著成就的一年。以胡锦涛为总书记的新一届中央领导集体从改革开放25年的实践中、从抗击“非典”疫情的斗争中获得重要启示：坚持以人为本，树立全面、协调、可持续的科学发展观，促进经济社会和人的全面发展。从单纯追求经济增长，到促进经济、社会和人的全面发展，这是中国发展观的重大进步，适应了全面建设小康社会的迫切要求。

2008年，是深入贯彻落实党的十七大精神、推进“十一五”规划顺利实施的关键一年，也是我们应对国际经济形势复杂变化、保持经济平稳较快发展的重要一年。中国人民同心同德、顽强拼搏，成功抗击南方部分地区严重低温雨雪冰冻灾害和四川汶川特大地震灾害，成功举办北京奥运会，完成“神舟”七号载人航天飞行任务，举办第七届亚欧首脑会议，中国的经济实力和综合国力进一步增强，人民生活水平继续提高。中国人民同世界各国人民加强友好交流和务实合作，共同应对国际金融危机等严峻挑战，为维护世界和平、促进共同发展做出了新的贡献。这一年恰逢改革开放30周年，中国人民隆重纪念这一重要历史时刻，在总结经验的基础上对继续推进改革开放作出了部署。

2013年在新中国历史上值得书写，不仅因为这一年是新一届政府产生之年，而且因为执政的中国共产党的作风和纪律切实需要加以整顿，党内腐败蔓延正在侵蚀党的肌体，引起人民的强烈不满；改革开放到了深水区和攻坚期，如何让多年的改革开放成果惠及全体人民，而不仅仅是一句漂亮的口号；粗放的经济发展模式，付出了太多的资源和环境成本的代价，必须下大决心转变。这一年，以习近平为首的中共中央在治党治国治军、改革发展稳定的征程上都迈出了坚定的步伐。中华民族伟大复兴的“中国梦”是人民永续辉煌的不竭动力。

尽管有人把国史看作是中国历史“自然的延伸”，但我觉得国史与历代中国断代史还是有所区别的。中国是历史积淀异常深厚的国度，不仅历史悠久，而且史官文化高度发达，史籍经典延绵不绝，史志资料浩如烟海。按照中国史学的一般传统，是后人记前人事，盖因后人看前人更客观，档案文献的查找也更便利。但也不尽然。被鲁迅称为“史家之绝唱，无韵之离骚”的《史记》，其作者司马迁就生活在汉武帝时代，书中就曾记录了不少当时的人和事，无怪乎有人干脆称《史记》为“实录”（《汉书·司马迁》）。今天人讲今天事，当代人修当代史继承的就是中国史学的这一特殊传统，尽管在秉笔直书、正视历史真相方面多多少少还是有距离和难度的。但本套丛书还是做到了“存史”的目的。把过去发生的事情娓娓道来，写清楚它们的来龙去脉，应了孔子所说的“物有本末，事有始终，知所先后，则近道矣”和刘知幾强调的“良史以实录直书为贵”的要求。

这套国史丛书由一批国史研究领域的专家担纲撰写，他们有严谨的治学态度和深厚的学术功力，不会轻易受干扰和动摇。笔者相信这些著作会给读者以不同的感受。

目　录

第二章　实现“软着陆”

第三章　中共十五大：面向新世纪的中国共产党宣言

引　言

1997 年对于中国人民来说，可以称得上是大悲大喜的一年。这年年初，中国改革开放的总设计师邓小平离开了他所深深热爱的中国人民，全国陷入悲痛之中；年中，邓小平提出的用和平方式统一祖国的“一国两制”的构想终于有了成功的例子，经过中英双方的努力，香港政权实现了平稳过渡，中华民族一扫百年耻辱，中国人民为之扬眉吐气，欢欣鼓舞；9 月，中国共产党第十五次全国代表大会召开，会上通过了跨世纪的行动纲领，新世纪的美好蓝图展现在中国人民面前……在这大悲大喜之中，中国人民深切地体会到了邓小平的远见卓识和以江泽民为核心的第三代中央领导集体的奋发有为。

一、邓小平未雨绸缪

作为一个彻底的唯物主义者，邓小平很早就开始考虑自己百年之后，党和国家如何保持路线、方针、政策的连续性和政局稳定的问题。

总结中国共产党的历史经验及教训，邓小平清醒地认识到：一个党、一个国家，把希望寄托在一两个人的威望上，是一件很危险的事情。1988 年 9 月 5 日，邓小平在会见捷克斯洛伐克总统古斯塔夫·胡萨克时指出：

如果一个党、一个国家把希望寄托在一两个人的威望上，并不很健康。那样，只要这个人一有变动，就会出现不稳定。中国的未来要靠新的领导集体。近十年来的成功也是集体搞成的。我个人做了一点事，但不能说都是我发明的。其实很多事是别人发明的，群众发明的，我只不过是把它们概括起来，提出了方针政策。哪一天我不在了，好像中国就丢了灵魂，这种看法不好。我在有生之年还可以做一些事情，但希望自己从政治舞台上慢慢地消失。①

1989 年 6 月 16 日，邓小平同江泽民、李鹏、乔石、姚依林、宋平、李瑞环、杨尚昆、万里谈话，更为深刻地指出了这一问题的严重性。他说：

现在看来，我的分量太重，对国家和党不利，有一天就会很危险。国际上好多国家把对华政策放在我是不是病倒了或者死去了上面。多年来我就意识到这个问题。一个国家的命运建立在一两个人的声望上面，是很不健康的，

---

① 《邓小平年谱（一九七五——一九九七）》（下），中央文献出版社 2004 年版，第 1245 页。

是很危险的。不出事没问题，一出事就不可收拾。[1]

邓小平还强调：不希望在新的政治局、新的常委会产生以后再宣布我起一个什么样的作用。

9月16日，邓小平在会见美籍华裔学者李政道教授时，从坚持党的十三大路线的政治高度，谈到了自己的退休问题。他说：

> 我历来不主张夸大一个人的作用，这样是危险的，难以为继的。把一个国家、一个党的稳定建立在一两个人的威望上，是靠不住的，很容易出问题。所以要搞退休制。……最近香港传说我被刺了，病危了，引起股票市场波动。这说明早退些好，希望在较短的时间里实现。[2]

基于国家的长治久安和始终坚持党的基本路线不动摇这种政治上的考虑，邓小平在北京政治风波平息之后郑重地向中央提出了自己退休的请求和建立新的中央领导集体的建议。党的十三届四中全会召开前后，邓小平多次对建立新的中央领导集体和自己的退休问题发表重要意见。1989年5月31日，邓小平在同李鹏、姚依林谈话时提出，要更换中央领导层。邓小平认为，新的中央领导机构要使人民感到面貌一新，感到是一个实行改革的有希望的领导班子。有一个新的改革的面貌，是确

① 《邓小平文选》第三卷，人民出版社1993年版，第310～311页。
② 《邓小平文选》第三卷，人民出版社1993年版，第325页。

定新班子成员的一个十分重要的问题。不是九分九，而是十分重要的问题。他说，要真正建立一个新的第三代领导。这个领导要取信于民，使党内信得过，人民信得过。邓小平还提出：新的领导班子一经建立了威信，我坚决退出，不干扰你们的事。他还说：希望大家能够很好地以江泽民同志为核心，很好地团结，只要这个领导集体是团结的，坚持改革开放的，即使是平平稳稳地发展几十年，中国也会发生根本的变化。关键在领导核心。我请你们把我的话带给将要在新的领导机构里面工作的每一个同志，这就算是我的政治交代。6月16日，邓小平在同中央几位负责同志谈话时再次指出：任何一个领导集体都要有一个核心，没有核心的领导是靠不住的。第三代的领导集体也必须有一个核心，这一点所有在座的同志都要以高度的自觉性来理解和处理。要有意识地维护一个核心，也就是现在大家同意的江泽民同志。新的领导一建立，要一切负起责任，错了也好，对了也好，功劳也好，都是你们的事。这样你们可以放手工作，对于新的集体自我锻炼也有好处。9月4日，邓小平同江泽民、李鹏、乔石、姚依林、宋平、李瑞环、杨尚昆、万里等中央负责同志谈话，谈到了他退休的时间和方式问题。邓小平说：

退的决心我已经下了好几年了。我过去多次讲，可能我最后的作用是带头建立退休制度。下次党代表大会不搞顾问委员会了，还是搞退休制度。我退休的时间是不是就确定在五中全会。退的方式，越简单越好。我多次讲，一个国家的命运寄托在一两个人的威望上是很不正常的。而利用退休又来歌功颂德一番，也没有什么好处。

同日，邓小平给中共中央政治局写信，正式提出了辞去中共中央军事委员会主席职务的请求。他在信中写道：

党的十三届四中全会选出的以江泽民同志为首的领导核心，现已卓有成效地开展工作。经过慎重考虑，我想趁自己身体还健康的时候辞去现在的职务，实现夙愿。这对党、国家和军队的事业是有益的。作为一个为共产主义事业和国家的独立、统一、建设、改革事业奋斗了几十年的老党员老公民，我的生命是属于党、属于国家的。退下来后，我将继续忠于党和国家的事业。①

1989年11月上旬召开的中共十三届五中全会讨论并通过了《中国共产党十三届五中全会关于同意邓小平同志辞去中共中央军事委员会主席职务的决定》。全会认为，邓小平同志从党和国家的根本利益出发，在自己身体还健康的时候辞去现任职务，实现他多年来一再提出的从领导岗位上完全退下来的夙愿，表现了一个无产阶级革命家的广阔胸怀。与会全体同志对他身体力行地为废除干部领导职务终身制作出的表率，表示崇高的敬意。全会在充分酝酿的基础上，决定江泽民为中共中央军委主席。

① 《邓小平年谱（一九七五—一九九七）》（下），中央文献出版社2004年版，第1288页。

从十三届四中全会选出新的中央领导层到五中全会邓小平退出中央领导岗位，以邓小平为核心的第二代中央领导集体和以江泽民为核心的第三代中央领导集体实现了顺利的交接。第三代领导集体的形成，为维护国家的长治久安，把建设有中国特色社会主义的伟大事业推向 21 世纪，提供了最重要的政治保证和组织保证。

二、坚强有力、奋发有为的中央领导集体

对于新的中央领导集体的工作，邓小平是很满意的。1989 年 11 月 12 日，邓小平在会见参加中央军委扩大会议的军队高级干部时说：军委领导更换了人，我认为，以江泽民同志为核心的党中央，是我们全党做出的正确选择而确定的，他是合格的军委主席，因为他是合格的党的总书记。第二天，邓小平在会见日本客人时再次赞扬了新的中央领导集体。他赞扬江泽民总书记“是一个很有本领的人”。他说：作为知识分子，他比我知识多，当然经验比我差一些，但经验是可以锻炼出来的，他今年只有 63 岁，有这个领导班子我很放心。此后，在新的中央领导集体经过几年的锻炼和考验之后，邓小平对自己的判断更有把握了。1993 年 1 月 22 日，邓小平在上海会见上海党政领导同志时说：“实践证明，以江泽民为核心的党中央领导集体工作做得是好的，是可以信任的。”①

① 《邓小平年谱（一九七五——一九九七）》（下），中央文献出版社 2004 年版，第 1359 页。

当共和国的脚步踏入1997年的时候，江泽民担任党的总书记已经七年有余。七年多的实践和考验，证明了邓小平的论断。

从江泽民担任中共中央总书记到1996年年底，正是我国深化改革开放、建立社会主义市场经济体制的关键时期，国际和国内都出现了许多新的情况和复杂的矛盾。以江泽民为核心的党中央在马列主义、毛泽东思想、邓小平理论的指导下，从中国的实际出发，认真研究新情况，成功地解决了许多重大问题，显示出卓越的领导、决策能力，由此在人民群众中享有崇高的威望。正如党的十五大期间《人民日报》的一篇社论所指出的：以江泽民为核心的第三代中央领导集体，“成熟坚强，奋发有为，求真务实，善于运用马列主义、毛泽东思想特别是邓小平理论解决我国经济、政治、文化、军事、外交等各方面的重大问题，完全有能力驾驭全局，把社会主义现代化事业胜利推向前进”。新的中央领导集体的突出成就主要表现在以下几个方面：

第一，成功地解决了抑制通货膨胀和经济高速增长的矛盾。

从1992年年底到1993年，随着我国经济转型，经济生活中出现了“三乱两热”现象，即乱集资、乱拆借、乱设金融机构，以及房地产热、开发区热等问题，引起投资规模迅速膨胀。需求的膨胀带来了通货的膨胀，通货膨胀率很快上升到两位数。江泽民觉察到了问题的严重性。1993年5月19日夜，江泽民给国务院领导同志写信，在信中强调指出，对于经济中存在的突出问题，要抓紧时机解决，否则，解决问题的时机就会稍纵即逝，倘若问题积累，势必酿成大祸。6月24日，中共中央、国务院下发了著名的6号文件，即《中共中央、国务院关于当前经济情况和加强宏观调控的意见》，开始采取一系列加强和改善宏观调控的措施，主要包括实行适度从紧的财政货币政策、整顿金融秩序、控制投资规模、增加有效供给、运用进口调剂国内市场、整顿流通环节、加强价格监管等。为了统一全党的认识，江泽民在中共十四届五中全会上对于宏观调控必要性又作了深刻的阐述。他指出："要使我国经济富有活力和效率，必须充分发挥市场机制的作用，这是改革开放以来所积累的重要经验。……同时要看到，市场也存在着自发性、盲目性和滞后性的一面，国家必须对市场活动加以正确的指导和调控。"[①] 在中央的正确领导下，宏观调控取得了显著成效。从1995年开始，物价涨幅回落，到1997年上半年，全国商品零售价格涨幅从1994年21.7％的高位，回落到1.8％。而国内生产总值的增长在1996年达到9.7％。既保持了经济高速发展的势头，又将通货膨胀率控制在合理的范围之内，这种成功的"软着陆"，不仅在中国经济史上是第一次，在世界经济史上也是罕见的。中国经济"软着陆"的成功，表明中国共产党的第三代领导集体面对复杂的经济形势，能够从容、及时、果断地作出科学决策，完全具有驾驭经济全局的能力。

第二，努力克服"一手软、一手硬"的矛盾，引导社会全

① 《江泽民文选》第一卷，人民出版社2006年版，第467页。

面进步。

改革开放以来，一些地方和部门存在着“一手软、一手硬”的弊端，即将经济建设同精神文明建设、民主法制建设、思想政治工作对立起来，甚至以牺牲精神文明建设为代价来发展经济建设。邓小平在1989年即指出，十年最大的失误是教育，指的就是这种现象。如何在抓经济建设的同时，搞好思想政治工作，大力促进精神文明建设，可以说是一项重大的理论和实践课题。总结“十年失误”这个教训，以江泽民为核心的中央领导集体，十分关注这个问题，把搞好思想政治工作和精神文明建设提到了重要的议事日程。为了引起全党的重视，几年来，江泽民在许多场合反复强调这个问题。

1990年12月，江泽民在中共十三届七中全会上，就十年规划和“八五”计划发表重要讲话，指出：“越是改革开放，越要加强思想政治工作，越要抓紧爱国主义、集体主义、社会主义教育，越要提高民族自尊心、自信心，越要强调增强自力更生的能力。”①

1992年10月，江泽民在中共十四大报告中把坚持“两手抓”作为今后的十项重大任务之一，指出“物质文明和精神文明都搞好，才是有中国特色的社会主义”。②

1995年9月28日，江泽民在中共十四届五中全会闭幕时发表关于《正确处理社会主义现代化建设中的若干重大关系》的讲话，在谈到物质文明建设和精神文明建设的关系时指出：

---

① 《十三大以来重要文献选编》(中)，人民出版社1991年版，第1434页。

② 《江泽民文选》第一卷，人民出版社2006年版，第238页。

"我们进行现代化建设，无疑要致力于发展生产力，把物质文明建设好。同时，必须把社会主义精神文明建设，提到更加突出的地位。要把物质文明建设和精神文明建设作为统一的奋斗目标，始终不渝地坚持两手抓，两手都要硬。任何情况下，都不能以牺牲精神文明为代价去换取经济的一时发展。"①

1996年3月3日，江泽民在《关于讲政治》的讲话中，从讲政治的高度论述了两手抓的重要意义。他指出："坚持党的基本路线一百年不动摇，包括一个中心和两个基本点都不能动摇。如果认为以经济建设为中心，就可以忽视其他方面的工作；或者认为经济搞上去了，其他事业就会自然而然地上去，那就不对了，这样的想法和做法都是不符合实际的，都是片面和有害的。我们一定要学会辩证地认识和处理改革、发展、稳定的关系，经济同政治的关系，物质文明同精神文明的关系，生产力同生产关系、经济基础同上层建筑的关系。"②

可见，以江泽民为核心的党中央十分关注"两手抓"的问题。正是在这种全面、辩证的认识的指导下，几年来我国的精神文明建设才取得了突出的成就。

第三，制定"科教兴国"战略，为21世纪我国的现代化事业的腾飞提供源源不断的动力。

现代世界各国综合国力的竞争，说到底就是科学技术和人才的竞争。对于发展中国家来说，科学和教育的意义尤其重要。因为发展中国家必须有源源不断的智力资源支持，实现可

---

① 《江泽民文选》第一卷，人民出版社2006年版，第473、474页。

② 《江泽民文选》第一卷，人民出版社2008年版，第515页。

持续发展，才有希望在现代激烈的竞争中以较高的速度发展，最终跻身于发达国家的行列。对于科学教育的这种关键作用，邓小平在20年前就有了一个清醒的认识，他在1978年3月召开的全国科学大会上明确提出："科学技术是生产力，这是马克思主义历来的观点。"① 后来，邓小平进一步指出："马克思讲过科学技术是生产力，这是非常正确的，现在看来这样说可能不够，恐怕是第一生产力。""我们要千方百计，在别的方面忍耐一些，甚至于牺牲一点速度，把教育问题解决好。"② 在邓小平的这一思想的推动下，我国迎来了科学和教育的春天。

以江泽民为核心的党中央从中国的实际情况出发，贯彻邓小平的上述思想，把科学和教育提到了非常重要的战略地位。1994年6月14日，江泽民在全国教育工作会议上的讲话中指出："在我们这样一个有近十二亿人口，资源相对不足、经济文化比较落后的国家，依靠什么来实现社会主义现代化建设的宏伟目标呢？具有决定性意义的一条，就是把经济建设转到依靠科技进步和提高劳动者素质的轨道上来，真正把教育摆在优先发展的战略地位，努力提高全民族的思想道德和科学文化水平。这是实现我国现代化的根本大计。"③ 根据这一思路，1995年5月6日颁布的《中共中央、国务院关于加速科学技术进步的决定》，提出了"科教兴国"的战略，即我国将重点依靠科技和教育来推动经济发展和社会进步。中共十四届五中全会又

① 《邓小平文选》第二卷，人民出版社1993年版，第87页。
② 《邓小平文选》第三卷，人民出版社1993年版，第275页。
③ 《江泽民文选》第一卷，人民出版社2006年版，第369页。

提出，要实行经济体制和经济增长方式的“两个根本转变”，而实现这一目标的一个重要环节，就是实施“科教兴国”战略、提高生产力发展水平和劳动者素质。在世纪之交的关键时期，党中央提出了“科教兴国”的战略，其意义极为深远。有人曾这样评价：“善弈者谋势。‘科教兴国’战略的实施，是以江泽民为核心的党的第三代领导集体，在世纪之交审时度势之后投下的一着带活全盘的妙棋。”这个评价是很恰当的。

第四，把反腐败斗争当作关系到党和国家生死存亡的严重政治斗争来抓，效果显著。

对于我国反腐败斗争的严峻形势，以江泽民为核心的党中央一直保持着清醒的认识，始终把握着反腐败斗争的正确方向。

首先，对于我国当前腐败现象的根源，江泽民明确指出，是剥削阶级腐朽的思想文化的影响。1993 年 8 月在中央纪委第二次全会上，江泽民揭示：腐败“这种现象，从本质上说是剥削制度、剥削阶级的产物”①。1995 年 1 月 23 日，他在中央纪委第五次全会上的讲话中又指出：“在改革开放的条件下，资本主义的腐败思想文化影响必然会乘机而入，同我国历史上遗留下来的剥削阶级腐朽思想文化影响相结合，滋长拜金主义、极端个人主义和腐朽生活方式等消极现象，对人们正确的思想、信念和价值观产生冲击，也会侵蚀我们的干部和党员队伍，甚至毁掉一些意志薄弱者。”② 这就澄清了在腐败根源上的

① 《江泽民文选》第一卷，人民出版社 2006 年版，第 323 页。

② 《十四大以来重要文献选编》（中），人民出版社 1997 年版，第 1189 页。

种种模糊认识，确立了反腐败斗争的一个认识前提。

其次，关于反腐败斗争的性质，江泽民多次严肃地指出，这是一场关系到党和国家命运前途的严重的政治斗争。1994年2月28日，江泽民在中央纪委第三次全体会议上指出："利用职权营私舞弊、贪赃枉法、索贿受贿等犯罪行为，达到了惊人的程度。这些情况说明，如果我们不坚决打好反腐败这个硬仗，确实有亡党亡国的危险。"他认为这是一个根本政治问题，这个道理要反复讲，警钟长鸣，务必引起全党同志的高度重视。在党的十五大的报告中，江泽民更为明确地指出："反对腐败是关系党和国家生死存亡的严重政治斗争。我们党是任何敌人都压不垮的。堡垒最容易从内部攻破，绝不能自己毁掉自己。如果腐败得不到有效惩治，党就会丧失人民群众的信任和支持。"① 实践证明，只有在这样的认识高度上，才能加大反腐败斗争的力度。

再次，关于反腐败斗争的重点，江泽民认为，主要是官吏的腐败和司法的腐败。在中央纪委第六次全会上，江泽民提出："查处的重点，仍然是党政领导机关、行政执法机关、司法机关、经济管理部门和县（处）以上领导干部的违法违纪案件。"② 在中央纪委第八次全会上，江泽民又指出："历史事实说明，官吏的腐败、司法的腐败，是最大的腐败，是滋生和助长其他腐败的重要原因。执法人员本身有问题，何以治人？"只要牢牢把握住这个重点，反腐败斗争就会获得突出的成果，

① 《江泽民文选》第二卷，人民出版社2006年版，第46～47页。

② 《十四大以来重要文献选编》（中），人民出版社1997年版，第1688页。

这已经为这几年的历史所证明。如这两年查处的陈希同、王宝森案件，对于腐败分子就具有极大的震慑力，同时也鼓舞了人民群众对于我们党反腐败斗争的信心。

最后，江泽民提出，反腐败斗争是一项长期性的战略任务。在多次谈话中，江泽民反复强调，“反腐败斗争不可能毕其功于一役，要一个问题一个问题地解决，一个案子一个案子去查处，一步一步地引向深入。如果稍有放松，就可能前功尽弃。一定要树立持久作战的思想，一个阶段一个阶段地把工作推向前进。”（1994 年 2 月 28 日）“反腐败斗争和党风廉政建设要贯穿于改革开放和现代化建设的全过程，是一项长期而艰巨的任务。”（1997 年 1 月 29 日）树立持久作战的战略思想，是符合我国改革开放的实际情况的。江泽民的上述论述，足以引起各级领导干部的警觉和重视。

第五，全面开创了中国外交的新局面。

20 世纪 90 年代以来，面对复杂多变的国际形势，党的第三代领导集体坚定不移地执行独立自主的和平外交政策，开辟了我国外交工作的新局面，充分显示了新的一代领导集体在极其复杂的国际形势下分析和处理外交和国际事务的卓越能力。主要成就有：打破了西方国家对我国的所谓“制裁”，对于国际上的反华势力“分化”“西化”我国的企图，进行了针锋相对的斗争，并通过斗争，使我国同西方国家的关系逐渐得到缓和、改善和发展；与俄罗斯建立了平等信任、面向 21 世纪的战略协作伙伴关系；与周边国家的关系得到巩固和加强，与日本的关系总体取得了进展；在香港回归的过程中，克服了英国和港英当局设置的重重障碍，保证香港政权的平稳过渡，等等。

以上五个方面，充分证明了邓小平的论断。1997 年的历史，特别是在邓小平逝世之后的历史，继续证明了邓小平的远见卓识。

三、继承伟人遗志，开创美好未来

1997 年 2 月 19 日，一代伟人邓小平不幸逝世。邓小平的逝世，在中国和世界上产生了震撼性的影响。邓小平逝世之后，中国会不会改变航向？会不会放弃建设有中国特色社会主义的道路？世界上一些政界人物作出了种种猜测。实际上，在邓小平逝世之前，共和国国家主席、党的总书记江泽民代表第三代中央领导集体，就以鲜明的态度对这个问题作出了回答。

1996 年 12 月 11 日，江泽民同党的十五大报告起草小组谈话，就报告的主题、框架、主要内容、基本思路作了明确的指示。他指出，大会的报告要紧紧扣住高举邓小平理论伟大旗帜，把建设有中国特色社会主义事业全面推向 21 世纪这个主题，阐明世纪之交中国共产党和中国人民面临的形势和任务，动员全党和全国各族人民，振奋精神，同心同德，全面实现第二步战略目标，坚定不移地向第三步战略目标迈进，到下个世纪中叶，把中国建设成为一个富强、民主、文明的社会主义国家。江泽民说，十一届三中全会以来，中国共产党召开了三次全国代表大会，回答了在中国建设社会主义的一系列重大问题。我们党已经形成了邓小平理论，形成了社会主义初级阶段的“一个中心、两个基本点”的基本路线，确定了建立社会主义市场经济体制的改革目标，制定了现代化建设分三步走的战略部署。他说，回顾过去，是为了展望未来。十五大报告要回顾100年，回顾50年，回顾改革开放以来的20年，特别是要总结十四大以来的5年。要展望下个世纪的前50年，进一步描绘到新中国成立100周年时我国经济和社会发展的宏伟蓝图。江泽民的这段谈话，表明了第三代领导集体坚持高举邓小平理论伟大旗帜的信念和决心。

1997年1月，在中国传统节日春节前，中央电视台在晚上黄金时段，连续十余日播放了12集大型电视系列片《邓小平》，讴歌了邓小平的光辉一生和丰功伟绩。在党和国家领导人还在世时，即拍摄、播放他的专题电视片，在共和国的历史上还从未有过。显然，这一不平常的举动，是在向世界表明中国共产党人和中国人民的政治态度：全党和全国人民要坚定不移地把邓小平所开创的建设有中国特色社会主义的伟大事业推向前进！

1997年2月25日，中共中央、全国人大常委会、国务院、全国政协、中央军委在人民大会堂隆重举行邓小平同志追悼大会。江泽民在悼词中再次表明了坚持高举邓小平理论伟大旗帜的决心和信念。江泽民高度评价了邓小平光辉伟大的一生。他指出，中国人民爱戴邓小平同志，感谢邓小平同志，哀悼邓小平同志，怀念邓小平同志，因为他把毕生心血和精力都献给了中国人民，他为中华民族的独立和解放、为中国的社会主义现代化事业建立了不朽的功勋。他七十多年波澜壮阔的革命生涯，是同中国共产党的创建和发展，中国人民解放军的创建和发展，中华人民共和国的创建和发展，紧密联系在一起的。他是人民共和国的开国元勋，新中国成立以后成为中国共产党以毛泽东同志为核心的第一代中央领导集体的重要成员。党的十一届三中全会以后，他成为中国共产党第二代领导集体的核心，领导我们开辟了建设有中国特色社会主义的新道路。邓小平同志这样说过：如果没有毛泽东同志，我们中国人民至少还要在黑暗中摸索更长的时间。我们今天同样应当说，如果没有邓小平同志，中国人民就不可能有今天的新生活，中国就不可能有今天改革开放的新局面和社会主义现代化的光明前景。他指出，邓小平同志留给我们的最可宝贵的财富就是他创立的建设有中国特色社会主义理论和在这个理论指导下制定的党在社会主义初级阶段的基本路线，更高地举起邓小平建设有中国特色社会主义理论的伟大旗帜，更好地贯彻执行党的基本路线，这是我们党中央领导集体坚定不移的决心和信念，也是全党全军全国各族人民的共识和愿望。因此，全党全军全国各族人民一定要继承邓小平同志的遗志，把邓小平同志开创的建设有中国特色社会主义的伟大事业推向前进。

更高地举起邓小平理论的伟大旗帜，把邓小平开创的建设有中国特色社会主义的伟大事业推向 21 世纪，这个决心和信念，就成为 1997 年的主旋律和最强音。因此，1997 年也就以继往开来而成为共和国历史上的一个里程碑。

第一章

百 年 回 归

继往开来——1997 年的中国

一、香港问题的由来

◎中英《南京条约》，割占香港岛

◎中英《北京条约》，割占九龙司地方一区

◎《展拓香港界址专条》，租借新界及离岛

香港包括香港岛、九龙半岛、新界以及沿海262个大小岛屿（离岛），陆地总面积约1104.32平方公里，水域面积约1650.64平方公里。自1840年第一次鸦片战争以后半个多世纪里，英国政府强迫清王朝签订了三个有关香港的不平等条约，迫使清王朝将香港地区或割让，或租借给英国。这三个不平等条约，成为中国由一个独立自主的封建王朝逐步沦为半殖民地半封建社会悲惨历史的见证。

第一个不平等条约：中英《江宁条约》，即后来所说的中英《南京条约》，割占香港岛。

1840年6月28日，英国军舰封锁珠江海口，英国军队侵略中国的鸦片战争正式爆发。英军先后攻陷舟山、虎门、厦门、宁波、吴淞、镇江等地，并于1841年1月26日，强占香港岛。1842年8月4日，英国军舰驶抵南京下关江面，把炮口对准南京城（当时称江宁），索要赎城费300万元。在英军船坚炮利的威慑下，清廷被迫以钦差大臣耆英、两江总督牛鉴、署乍浦副都统伊里布为代表，在静海寺与英国政府议约，双方共在寺内议约四次。在谈判过程中，所有中英文文本条款，均为英方独自起草，且不许清廷代表做任何修改和增删。8 月 29 日，清廷代表耆英、伊里布与英国代表璞鼎查在英军旗舰“康华丽号”上正式签订中英《江宁条约》，即《南京条约》。该条约共 13 款，主要内容是：

（一）清朝政府开放广州、厦门、福州、宁波、上海等五处为通商口岸（史称“五口通商”），准许英国派驻领事，准许英商及其家属自由居住。

（二）清政府向英国赔款 2100 万银元，其中 600 万银元赔偿被焚鸦片，1200 万银元赔偿英国军费，300 万银元偿还商人债务。其款分 4 年交纳清楚，倘未能按期交足，则酌定每年百元应加利息 5 银元。

（三）割香港岛给英国。其中写道：“因大英商船远路涉洋，往往有损坏须修补者，自应给予沿海一处，以便修船及存守所用物料。今大皇帝准将香港一岛给予大英国君主暨嗣后世袭主位者常远据守主掌，任便立法治理。”

（四）废除清政府原有的公行自主贸易制度，准许英商与华商自由贸易。

（五）英商进出口货物缴纳的税款，中国需与英国商定；中国的关税自主权开始丧失。

（六）以口头协议决定中英民间“诉讼之事”，“英商归英国自理”；中国的司法主权开始受到侵害。[1]

① 参见《中外旧约章汇编》第一册，生活・读书・新知三联书店出版社 1957 年版，第 30～33 页。

《南京条约》既是中国近代历史上清政府被迫签署的第一个不平等条约，也是中英双方关于香港问题的第一个不平等条约。与英国代表议约的静海寺，也就见证了中国近代屈辱历史的开始。

第二个不平等条约：中英《北京条约》，割占九龙司地方一区。

第一次鸦片战争后，中国门户洞开，西方列强相继侵入中国，迫使清政府签订了一系列不平等条约。继中英《南京条约》签订后，清政府又被迫签下中美《五口贸易章程：海关税则》，即中美《望厦条约》（1844 年 7 月 3 日）；中法《五口贸易章程：海关税则》，即中法《黄埔条约》（1844 年 10 月 24 日）；中英《上海租地章程》（1845 年 11 月 29 日）；与瑞典、挪威之《五口通商章程：海关税则》（1847 年 3 月 20 日），等等。但是，贪得无厌的西方列强并不满足已经取得的特权和利益，妄图进一步剥夺中国的主权，攫取更大的利益。1854 年，《南京条约》届满 12 年。英国借口中美《望厦条约》中之一款："和约一经议定，两国各宜遵守，不得轻有更改；至各口情形不一，所有贸易及海面各款恐不无稍有变通之处，应俟十二年后，两国派员公平酌办"的规定，以满十二年可以修订为由，向清政府提出全面修改《南京条约》的要求。英国提出了以下要求：中国全境开放通商，鸦片贸易合法化，进出口货物免交子口税，外国公使常驻北京等。法、美两国也借此分别要求修改条约。清政府没有同意列强的无理要求。1856 年，《望厦条约》届满 12 年。美国在英、法的支持下，也提出全面修改条约的要求，但仍被清政府拒绝。在这个背景下，西方列强决心对中国发动一场新的侵略战争，以达到扩大对中国经济掠夺的目的。由此可见，虽然这次新的侵略战争是以“亚罗号事件”及“西林教案事件”为借口发动的，甚至英国人把它称为“亚罗号战争”，但实质上发动这次战争的目的是西方列强企图进一步扩大10多年前的那次战争的成果，所以把它称之为第二次鸦片战争，还是很准确的。

第二次鸦片战争以英法联军攻入北京城，火烧圆明园，迫使清政府签订中英、中法《北京条约》而告结束。中英《北京条约》第六款即将九龙司地方一区割让给英国。其中写道：

> 前据当年二月二十八日大清两广总督劳崇光，将粤东九龙司地方一区，交与大英驻扎粤省暂充英法总局正使功赐三等宝星巴夏礼代国立批永租在案，兹大清大皇帝定即将该地界付与大英大君主并历后嗣，并归英属香港界内，以期该港埠面管辖所及庶保无事。[1]

这段话表明，在《北京条约》签订之前，英方就以维持地方治安为口实，派军队强行占领九龙半岛南部地区，并迫使清政府地方官员劳崇光签订一纸协议，将九龙司地方一区永久租让给英国，租金每年500两白银；只要英国政府按时交纳租金，清政府就不能要求归还这块土地。但是，永久租用九龙并

① 《中外旧约章汇编》第一册，生活·读书·新知三联书店1957年版，第145页。

不是英国政府的最终目的。1860年7月，英国外交大臣罗素在发给全权大臣额尔金的信中指示说：

> 女王陛下政府获悉，巴夏礼先生已为她从中国当局获得九龙半岛的永租权。尽管知道租借会带来眼前的利益，在全面考虑之后，女王陛下政府认为，他们应该取得九龙半岛的完全割让，这是非常称心如意的事情。为此我训令阁下，要竭力实现这一目标。

实现九龙半岛的“完全割让”，就成为英国发动这次侵略战争的主要目标之一。

第三个不平等条约：《展拓香港界址专条》，租借新界及离岛。

英国霸占香港岛和九龙司地方一区之后，对于中国领土的贪欲并没有得到满足，新界地区成为英国的下一个目标。英国侵略者对于新界地区的觊觎，由来已久。1863年，港英当局官员即提出，应在扼守海港东部入口的鲤鱼门设立炮台。英国内阁战争大臣认为，占据新界、九龙，对巩固军事立足点很有价值。1884年，驻港英军少将萨特金提出，英国战争部应当攫取整个九龙半岛，扩展到北面山岭和一些海岛。1894年中日甲午战争爆发，清军大败，港英当局认为有机可乘，正式提出展拓界址的主张。香港总督威廉·罗便臣认为，中国皇室和政府已经腐败，各国争先恐后向中国扑来，划分势力范围，这种形势对英国扩大占领中国领土是大好时机。罗便臣宣称：

“我不得不郑重指出，调整和扩展本殖民地是十分必要的。‘东方直布罗陀’香港，并不像人们想象中那么安全。”11月9日，罗便臣向英国殖民部递交了拓展界址的信件，信中写道：

> 虽然难以置信，但我请阁下注意下列事实：加普礁和横澜及其上面的两个有价值的灯塔属于中国。港口的东、西进口鲤鱼门海峡和青洲水道属于中国。鲤鱼门要塞是中国领土。海港北岸方圆二英里之外属于中国。九龙城属于中国。距离维多利亚港只一英里左右的鲤鱼门水域属于中国。
>
> 中国本身，或是同中国或英国开战的另一个国家可能登陆珠江北岸或鲤鱼门海峡外的大鹏湾，南下九龙半岛，这不仅对我守军不利，而且很容易从中国领土炮轰维多利亚港，截断粮食供应。
>
> 窃以为，香港边界应该推至大鹏湾，从那里伸延到后海湾，至少也得像威斯特利走向那样，以东北面鲤鱼门海峡伸展到九龙背后的山顶，包括珠江口汲水门在内，以确保女皇这块有价值的领土的安全。再者，加普礁、横澜、大屿山和所有香港三英里以内的海岛均应割让给英国。否则，一旦爆发战争，本殖民地将难以防守。
>
> 如果女皇陛下政府有意在适当时候介入中日战争，我冒昧祈求上述建议受到仔细考虑。这算不上大计，但在中国从失败中恢复过来之前，应当施加压力。

对于拓展香港界址，罗便臣急不可耐，几天后，又发出了第二封信，信中又列举了更“充分”的理由：

如果说割取对岸大陆的一角并完全控制邻近水域，对本殖民地安全和应付欧洲敌人是非常必要的话，更不用说对付中国了。

中国的国力现正处于最低点，但考虑到日本的进步，50年之后，也许20年，中国可能成为一个军事强国，具备足够的技术知识开发它的自然资源。到那时候，如果香港边界仍像现在一样，中国的舰队停泊在九龙湾，周围的山顶和岛屿为中国所有，我们往哪里躲。靠人家发慈悲？……

目前的大好时机一纵即逝。不管日本的成功有多大，不管中国的屈辱有多深，中华帝国资源丰富，潜力巨大，她不会长期安于现状。日本对华战争将激发起全面起义，20年后的中国再不是吴下阿蒙。想做就立刻去做，时不与我。

信中说的“吴下阿蒙”，语出《资治通鉴》卷六十六，原文为：“初，权谓吕蒙曰：‘卿今当涂掌事，不可不学！’蒙辞以军中多务。权曰：‘孤岂欲卿治经为博士邪！但当涉猎，见往事耳。卿言多务，孰若孤？孤常读书，自以为大有所益。’蒙乃始就学。及鲁肃过寻阳，与蒙论议，大惊曰：‘卿今者才略，非复吴下阿蒙！’蒙曰：‘士别三日，即更刮目相待，大兄何见事之晚乎！’肃遂拜蒙母，结友而别。”

吕蒙是三国时期东吴孙权手下的名将，小时候没有机会学习，所以学识浅薄，见识不广，是谓“吴下阿蒙”。后来，在孙权的劝导下发奋学习，学识大有长进，甚至为孙权重要的谋臣鲁肃所折服。可以想见，如果中国强大了，“非复吴下阿蒙”，英国再想拓展香港界址，也就难以实现了。应该承认，这位港督还是很有远见的。需要指出的是，罗便臣所列举的拓展界址的理由，并不完全是他个人的见解。在此之前，英国商人遮打就给罗便臣写信，从几个方面说明了拓展香港界址的必要性。罗便臣显然吸纳了英商的意见。这也从一个侧面说明，任何侵略行动，不论理由多么冠冕堂皇，背后都有巨大的经济利益作为支撑。

1895 年 4 月 17 日，清政府与日本签署《马关条约》。甲午战争的惨败和《马关条约》的签署，对于腐朽的清王朝是一次致命的沉重打击，它使任何关于“中兴”的幻想都归于破灭。英国显然看到了清王朝摇摇欲坠的历史命运，这是趁火打劫、进一步攫取更大利益的最佳时机。一个月后，英国海陆军联合委员会发表《关于香港殖民地边界的报告》，再次提出拓展界址的要求。这一要求得到了陆海军大臣赞同。

此后，列强瓜分中国的步伐明显加快。1897 年 11 月 14 日，德国军队强行登陆胶州湾。1898 年 3 月 6 日，清政府被迫与德国签订了《胶澳租借条约》，又称《德租胶澳专条》，租期 99 年；3 月 27 日与俄国签订《旅大租地条约》，租期 25 年，“然限满后，由两国相商展限亦可”；同时，英国向清政府提出了租借威海卫的要求；法国向清政府提出了租借广州湾的要求。据英国驻华公使窦纳乐向英国首相索尔兹伯里报告说：法国已要求总理衙门保证将云南、贵州、广西、广东作为法国的势力范围。这位公使认为，如果法国此项要求得逞，未来展拓香港界址将不可能实现。听到这一消息，英国政府决定以法国租借广州湾为借口，向清政府提出展拓香港界址的要求。3 月 28 日，英国内阁向窦纳乐发出指示：要求清总理衙门作出保证，如果法国租借广州湾，英国随时可以要求展拓香港界址。

1898 年 4 月 2 日，中英双方就香港扩界问题在总理衙门开始谈判。窦纳乐一开始即对清朝总理衙门大臣奕䜣宣称："香港殖民地不满足于它目前的界限，希望展拓界址"，"以为保卫香港之计"。刚开始，清政府以为英国的展拓界址的要求很有限，不难满足，所以，第二天总理衙门大臣李鸿章会见窦纳乐时，很爽快地向他表示："如果展拓范围不大"，可以"同意"。4 月 24 日，窦纳乐向李鸿章等出示了根据英国外交部的指示而绘制的展拓界址范围的地图。在这张地图上，将大鹏湾到深圳湾一线以南、包括九龙城及许多岛屿在内的大片土地及水域，皆划入拓界的范围之内。英国胃口如此之大，完全出乎李鸿章等人意料，李鸿章等遂坚决予以拒绝。窦纳乐强词夺理，说与德国租借的胶州湾和俄国租借的旅大相比较，他们提出的展拓范围并不大。当李鸿章提出，中国已经同意将威海卫租给英国，意思是与德、俄相比较，英国已经获得更多的利益。而窦纳乐则狡辩说，英国订租威海卫对中国也有利。当年，与西方列强谈判，清政府代表往往处于劣势地位，从来不敢据理力争。这次也是如此，李鸿章等屈从于压力，没有再争辩下去，但提出，坚决反对英国占领九龙城，理由是该处设有中国衙门。

与以往谈判一样，这次的谈判条款《展拓香港界址专条》，仍然是由英方代表窦纳乐单方拟就。5 月 19 日，窦纳乐携带这份文本前来谈判。李鸿章等阅后表示同意，仅提出加上“九龙到新安陆路，中国官民照常行走”，“遇有两国交犯之事，仍照中英原约香港章程办理”两句话。至此，双方就拓界问题已达成协议。但因英国政府对谈判结果还是感到不满足，《专条》并未马上签订。5 月 25 日，窦纳乐根据英国政府指示再次与总理衙门会谈，要求修改前议展拓香港界址的范围。其中最重要的是将东面界限由东经 114°26′扩大至东经 114°30′，使整个大鹏湾划归英国控制。这一无理要求，李鸿章等被迫同意。

在谈判过程中，有一个插曲，清楚地暴露出英方的蛮横无理和清政府的软弱无能。在条约正式签订前，6 月 5 日，李鸿章提出，在租借地内，英方不得修建炮台。窦纳乐听后勃然大怒，拍桌咆哮，坚决反对这一提议。李鸿章等无可奈何，再不敢言。

1898 年 6 月 9 日，中英《展拓香港界址专条》在北京签订。中方签字代表是李鸿章、许应骙，英方签字代表是窦纳乐。其中写道：

溯查多年以来，素悉香港一处非展拓界址不足以资保卫，今中、英两国政府议定大略，按照粘附地图，展扩英界，作为新租之地。其所定详细界线，应俟两国派员勘明后，再行画定。以九十九年为限期。

此约应于画押后，自中国五月十三日，即西历七月初一号开办施行。[①]

因此，这个条约，1997年6月30日到期。

二、新中国诞生前后中央关于香港问题的决策

◎香港总督承认：共产党人愿意夺取香港的话，英国将无力保卫它

◎中共中央决定，利用港澳原有的地位

◎毛泽东说：英国现在安心，将来会不安心的

1997年7月1日零时，是一个令人激动的时刻。从这个时刻开始，香港结束了150多年的英国殖民统治的屈辱历史，回到了祖国的怀抱。这是一个多世纪以来，海内外炎黄子孙翘首期盼的民族盛典。在这喜庆的日子里，祖国内地人民和香港同胞在欢欣鼓舞的同时，不能不想到香港回归的曲折历程和中国共产党的三代领导集体对于香港回归所做出的历史贡献。

香港问题的实质可以概括为一句话：洗雪民族耻辱，实现

① 《中外旧约章汇编》第一册，生活·读书·新知三联书店1957年版，第769页。

祖国统一。从香港被英国强行割占算起，这个问题已经存在一个半世纪了，其间有 2/3 的时间是处在腐朽的清政府、北洋军阀和国民党的反动统治下，它们都没有能力解决香港问题。这就说明，香港问题能否得到圆满的解决，取决于两方面的情况：首先，取决于中国及中国政府自身的状况，这是主要的；其次，也取决于英帝国的状况。即是说，中英两国政治、经济、军事等状况的对比变化，决定了香港问题的解决。中华人民共和国成立前后香港问题的演变，从相反的角度也证明了这一点。

第二次世界大战结束后，已经衰落的大英帝国每况愈下。在国内，战争使英国损失了大约 70 亿英镑，相当于全国财产的四分之一，元气大伤。1947 年，英国对外贸易逆差已达 4.38 亿英镑。在国内经济遭遇危机的时候，在国际上英帝国又遭遇到前所未有的政治危机，即国际共产主义运动的蓬勃兴起和民族解放运动的日益高涨，其中就包括了如火如荼的中国人民解放战争。在上述双重危机的夹击下，大英帝国国力日衰，声望日下，不得不依赖美国的“输血”来维持国家机器的运转。1945 年，英国即从美国获得了 37.5 亿美元的低息贷款。1948 年，英国又通过“马歇尔援助”计划，从美国得到 12.63 亿美元的援助。曾经号称“日不落帝国”的英国，已经难以照旧维持它的殖民统治了。

在这种情况下，当中国人民解放战争的胜利已经成为定局的时候，英国政府自然十分担心香港的命运。1948 年 12 月 9 日，英国外交大臣欧内斯特·贝文向内阁提交了一份题为《目前中国内战形势的发展》的备忘录，充分表达了英国政治家对于香港问题的关注。他预测："如果共产党人统治了全中国，出于他们自己的原因，他们可能愿意暂时使香港继续成为英国操纵的对象。"这是乐观的一面。但是，他又不无担心地写道："如果共产党人要求将香港归还中国，他们会采用除战争以外的各种方法挖香港的墙角。""如果共产党人选择在经济战线对香港进行冷战，他们可能通过煽动罢工，在某种程度上使香港殖民地的经济暂时瘫痪。"基于香港战略地位的重要，贝文提出了在中国"保留立足点"的政策，他解释说："由于实际上并不存在生命危险，我们应该尽量留在原地不动，与中共保持不可避免的事实上的联系，并且调查在华继续进行贸易的可能性。"① 12月13日，英国内阁专门举行会议讨论中国国内形势的变化。在讨论中大臣们提出，"中国形势的发展会使香港和马来亚殖民政府承受的压力越来越大，应该采取一切必要的步骤增强和支持当地的行政机构"②。为此，英国政府从三个方面作了充分的准备。

首先，英国内阁授权港英政府采取行动削弱共产党在香港的活动。1949年上半年，香港总督葛量洪接连致电内阁殖民地大臣，提出了一系列旨在反对共产党在香港活动的建议，诸如立法强制香港所有社团登记、封闭共产党控制的香港报纸、

---

① 《外交大臣关于目前中国内战形势的发展的备忘录》，《20世纪的香港》，香港麒麟书业有限公司1995年版，第172页。

② 《外交大臣关于目前中国内战形势的发展的备忘录》，《20世纪的香港》，香港麒麟书业有限公司1995年版，第173页。

制定一些紧急状态条例、实行严格的移民登记、动员防卫部队和特别警队封闭边界等。上述措施，有些显然不具备实施的条件，如封闭报纸，这一点，葛量洪自己也承认。但港英政府提出这些措施的意图十分明确：尽量抵制和限制共产党在香港的活动，以照旧维持自己的统治。

其次，英国政府制订武装防卫香港的计划，企图一方面“阻吓”解放军不要进占香港，另一方面“阻吓”香港居民不要倒向中共，从而稳住英帝国摇摇欲坠的殖民统治。1949 年 1 月，根据英国内阁的决定，英外交大臣、殖民地大臣、国防大臣联合拟定了《香港紧急防卫计划》的绝密文件，他们依据英军远东总司令的估计提出，为了应付可能出现的紧急状况，香港需要 4 个步兵营、1 个皇家炮兵野战团、1 个海岸与防空两用重炮团和 1 个在需要时能立即增援的后备旅。为了试探解放军对这种“阻吓”的反应，4 月 20 日、21 日，在中国人民解放军百万雄师过大江之际，英国无视中国主权，先后派遣“紫石英”号等 4 艘军舰悍然闯入中国人民解放军防区，并向解放军阵地开炮，制造了“紫石英号事件”。在受到解放军炮火的猛烈还击、遭到重创之后，这几艘军舰狼狈逃窜。“紫石英号事件”是中国外交史上一件具有标志性的重大事件，它标志着这个昔日的“日不落帝国”乃至于其他的西方列强的“炮舰政策”的终结，也是中国“弱国无外交”的屈辱历史的终结。

稍有头脑的英国政治家都十分清楚，不论是抵制共产党的活动也好，还是“武装防卫”也罢，都不过是虚张声势，“紫石英”号军舰进犯的失败就是一个证明。1949 年 4 月 30 日，在“紫石英”号等军舰遭到重创之后，香港总督葛量洪在给英国殖民地大臣琼斯的绝密电报中无可奈何地承认：共产党人愿意夺取香港的话，英国将无力保卫它。于是，英国又有了第三方面的准备，即以承认中共政权为砝码，来保留自己在华的贸易利益和对香港的殖民统治。1949 年 10 月 30 日，英殖民地大臣琼斯致电港督葛量洪，声称英国在华的贸易利益源远流长，非常重要。他说，英国政府主张采取在中国“保留立足点”的政策，只有承认中共政府，这种政策才能取得成果。由于政治方面和法律方面的原因，我们赞成在法律上加以承认。同年 12 月 5 日，英国国防部参谋长委员会在一份绝密函件中也提出类似的看法，认为在法律上承认中国政府，可能开始减轻对香港的“威胁”。

英国政府对于香港的前途如此忧心忡忡，这就足以表明，到了 20 世纪的中叶，对于如何解决香港问题，英国已经处于被动的地位。当毛泽东宣告“占人类总数四分之一的中国人从此站立起来了”的时候，解决香港问题的主动权就已经掌握在中国人民的手中了。

那么，在这种力量对比已经有了根本变化的时候，以毛泽东为核心的中国共产党第一代领导集体，又是如何考虑香港问题的呢？

解决香港问题的主体历来是中英两国政府。因此，在主动权回到中国人民手中之后，如何解决香港问题，就主要取决于新中国政府的外交方针了。毛泽东曾经把当时的外交方针形象地概括为“另起炉灶”和“打扫干净屋子再请客”。所谓“另起炉灶”，是说不承认过去历届反动政府同各国建立的不平等的外交关系，不继承旧中国的外交“遗产”，对于旧中国的各国外交使节只当作普通侨民而不当作外交代表看待；所谓“打扫干净屋子再请客”，是说不急于与帝国主义、资本主义国家建立外交关系，先把他们在华的残余势力和不平等特权加以肃清。1949 年 2 月，毛泽东在会见斯大林的代表米高扬时，通俗地介绍了新中国对外政策的总方针。他说，我们这个国家，如果形象地把它比作一个家庭来讲，它的屋内太脏了，柴草、垃圾、尘土、跳蚤、臭虫、虱子什么都有。解放后，我们必须认真清理我们的屋子，从内到外，从各个角落以至门窗缝里，把那些脏东西通通打扫一番，好好加以整顿。等屋内打扫清洁、干净，有了秩序，陈设好了，再请客人进来。①

根据上述总方针，毛泽东指出：“不承认国民党时代的任何外国外交机关和外交人员的合法地位，不承认国民党时代的一切卖国条约的继续存在，取消一切帝国主义在中国开办的宣传机关，立即统制对外贸易，改革海关制度，这些都是我们进入大城市的时候所必须首先采取的步骤。”② 这一总的原则立场，具体到香港问题上，就是不承认英国政府强加给旧中国清政府的三个不平等条约，即 1842 年的《南京条约》、1860 年的《北京条约》、1898 年的《展拓香港界址专条》。这就是说，中国政府对香港恢复行使主权，只是时间问题。

但是，在当时具体的历史条件下，香港问题并不仅仅是一

① 转引自《在历史巨人身边——师哲回忆录》，中央文献出版社 1991 年版，第 380 页。

② 《毛泽东选集》第四卷，人民出版社 1991 年版，第 1434 页。

个恢复行使主权的问题。毛泽东在与米高扬谈话时曾指出，大陆上的事情比较好办，把军队开去就行了。海岛上的事情就比较复杂，须要采取另一种较灵活的方式去解决，或者采用和平过渡的方式，这就要花较多的时间了。在这种情况下，急于解决香港、澳门的问题，也就没有多大意义了。相反，恐怕利用这两地的原来地位，特别是香港，对我们发展海外关系、进出口贸易更为有利。可以看出，毛泽东的思路是，香港的主权是属于中国的，这一点毫不含糊；但是在什么时候、以什么方式恢复行使主权，则要依据具体情况而定。在新中国诞生之初，为了迅速恢复国民经济、巩固新生的政权，暂时维持香港原来的地位较为有利。毛泽东解决香港问题的思路，与他稍后提出的“不要四面出击”的战略思想是一致的。

后来，周恩来对这一思路又作了具体的说明。1951年春，周恩来对新华社香港分社社长黄作梅谈道，不收回香港，维持其资本主义英国占领不变，是不能用狭隘的领土主权原则来衡量的，来作决定的。他说：

> 可以这样说，我们把香港留在英国人手上比收回来好，也比落入美国人的手上好。香港留在英国人手上，我们反而主动。我们抓住了英国人一条辫子，我们就拉住了英国，使它不能也不敢对美国的对华政策和远东战略部署跟得太紧，靠得太拢。这样我们就可以扩大和利用英美在对华政策上的矛盾。在这个情况下，香港对我们大有好处，大有用处。我们可以最大限度地开展最广泛的爱国统

一战线工作，团结一切可能团结的人，支持我们的反美斗争，支持我们的国内经济建设。在这种情况下，香港是我们通往东南亚、亚非拉和西方世界的窗口。它将是我们的瞭望台、气象台和桥头堡。它将是我们突破以美国为首的西方阵营对我国实行封锁禁运的前沿阵地。

要进行社会主义建设，香港可作为我们同国外进行经济联系的基地，可以通过它吸收外资，争取外汇。①

周恩来的这段话，精辟地阐明了中央关于暂时不动香港这一决策的战略意义。

首先，维持香港原有的地位，有利于开展中国共产党领导的爱国民主统一战线。在中国大陆解放之后，许多不了解共产党的社会上层人士跑到了香港，或通过香港跑到了海外。留下香港这个缓冲地带，实际上就给他们留下了观察和认识新中国、重新回来为祖国的建设事业效力的机会。如原国民党代总统李宗仁在 1949 年 12 月从香港赴美国治病时，就决定把程思远留在香港，程思远回忆说："我估计他此次赴美治病是一时权宜之计，最后一定要回到祖国来，可能让我在香港起桥梁作用。"② 周恩来就是通过在香港的程思远，争取、教育李宗仁，使他在晚年毅然决然地回到了祖国。

其次，维持香港原有的地位，有利于打破以美国为首的西

① 金尧如：《保持香港现状和地位的战略设想》，《香港经济日报》1993 年 7 月 2 日。
② 程思远：《争取李宗仁回国》，载《不尽的思念》，中央文献出版社 1987 年版，第 476 页。

方国家对我国的经济封锁。新中国成立后，美国政府执行敌视新中国的政策，对新中国实行严格的经济封锁和禁运。1949年11月，根据美国的提议，西方国家成立了“输出管制统筹委员会”，旨在对社会主义国家执行禁运政策。1950年6月，朝鲜战争爆发后，美国又对中国发起战略物资禁运。在这种情况下，留下一个香港，实际上就是在西方国家的封锁圈上留下一个缺口和一个通道。在我国国民经济恢复时期和以后的社会主义建设中，许多重要物资就是通过香港得到的。

再次，维持香港原有的地位，我们就有了一个了解世界的窗口。在新中国成立初期，由于美国的封锁，我国对外联系的渠道不多，差不多处在一个封闭的环境中。这种封闭的环境，给我国的政治、经济、文化建设造成了很大的困难。所以尽量从这种封闭的环境中跳出来，在当时就具有重要的战略意义。留下一个香港，实际上就等于开了一个窗口，我们可以通过香港，了解世界各国各方面的信息和动向。周恩来把香港比作瞭望台和气象台，其含义就在这里。

最后，留下一个香港，就等于在西方阵营中插入一个楔子，有利于西方集团的分化。能否保住香港，对于英国来说具有极大的利益关系，为了保住既得利益，英国成为资本主义世界中第一个承认中华人民共和国的国家。也正是出于这方面的考虑，英国不敢对美国的反华政策和措施跟得太紧。这样一来，为了保住香港，英国就不时地与美国发生限制与反限制的矛盾。1953年3月，英国外交大臣爱登访问美国时，曾正式提出“要贸易，不要援助”的要求。两个月后，英国财政大臣又连续两次发表演说，抱怨美国对英国的贸易限制。5 月 11 日，英国首相丘吉尔在英国下院发表演说，第二天，工党领袖艾德礼也在下院发表演说，都公开对美国的贸易限制政策表示不满。6 月 9 日，丘吉尔在下院再次申明“要贸易，不要援助”的政策。所以当时毛泽东认为，“帝国主义国家之间的矛盾，主要的是美国和英国之间的矛盾也发展了”。插入一个香港的问题，至少会扩大这个矛盾。

从上述几个方面来看，中央关于暂时不收回香港的决策是很英明的。周恩来在同黄作梅的谈话中也指出：近两年的发展证明，我们在解放全国时留下个香港是正确的。根据这一决策的成功实践，到了 1960 年，中共中央正式制定了对于香港“长期打算，充分利用”的方针。

抗日战争即将胜利时，曾经出现了解决香港问题的极好机会。1943 年 11 月 22～26 日，中、美、英三国首脑在开罗举行会议，商讨联合对日作战等问题。会议期间，美国总统罗斯福私下向蒋介石建议，在打败日本后，由中国收回当时由日本占领的香港，然后宣布香港为国际自由港。蒋介石同意了这个建议，并希望罗斯福先与英国当局讨论此事。但是，当英国首相丘吉尔知道这件事后，狂妄地宣称，“我们的格言是：‘不许干涉大英帝国’”，“不通过战争就休想从英国手中夺去任何东西”。1945 年 4 月 5 日，美国驻华大使赫尔利又赴伦敦对丘吉尔建议，希望英国能够遵照《大西洋宪章》的精神（“不追求领土或其他方面的扩张”），放弃重新控制香港的企图。丘吉尔听后勃然大怒，以强盗的语言宣称，英国殖民地不受《大西洋宪章》的约束，他决不会放弃英国旗帜下的一寸领土。面对丘吉尔的蛮横无理，国民党蒋介石政府无可奈何，战后眼睁睁看着香港又重新落入英国人的手中。当时，中国名义上成为世界“四强”，但在英国眼中，却仍然是一个任人欺辱的弱国。“弱国无外交”，这一格言早已被国际上无数次无情的争斗所证实。国民党政府在解决香港问题上的屈辱经历，再一次为这一格言添加了注脚。

但是，新中国的诞生却完全改变了这种被动挨打的局面。当中国人民解放军勒马深圳河畔的时候，香港总督葛量洪不得不承认：“作为香港总督，我关注的是，共产党夺取中国会对这个殖民地产生什么影响。这个政府是共产主义政府，更重要的事实是，它是一个强有力的政府。”① 正是因为有了一个强有力的政府，在如何处理香港问题上中国才掌握了主动权。同样是把香港留在英国人手上，却有着质的区别：国民党政府是无可奈何、被动挨打；而中国共产党人则是采用一种最佳的战略抉择：收回整个香港地区的主动权，已经掌握在中国人民自己的手中。这一鲜明的对比足以证明，一个国家只有走上独立、富强的道路，才能在复杂的国际斗争中掌握主动权。这可以说是新中国诞生前后中共中央关于香港问题决策和实践所给予我们的一个深刻的历史启示。

需要强调指出的是，暂时不收回香港，绝对不是没有能力收回香港，更不是说就永远保持香港的现状。在第一代中央领

① 《葛量洪回忆录》，香港大学出版社 1965 年版，第 138～139 页。

导集体制定和执行暂时不动香港的决策的整个过程中，始终坚持了一个基本的原则：中国人民从来就不承认英国在 19 世纪下半叶通过侵略战争强加给中国的三个有关香港问题的不平等条约，香港的主权总有一天我们是要收回的，而收回的主动权，在中华人民共和国成立之后，就掌握在了中国人民手中。1957 年 4 月 28 日，周恩来在上海工商界人士座谈会上的讲话中，深刻阐述了中央关于香港问题的战略思考。他说："香港的主权总有一天我们是要收回的，连英国也可能这样想。""我们不能把香港看成内地。对香港的政策同对内地是不一样的，如果照抄，结果一定搞不好，因为香港现在还在英国统治下，是纯粹的资本主义市场，不能社会主义化，也不应该社会主义化。香港要完全按资本主义制度办事，才能存在和发展，这对我们是有利的。""我们在香港的企业，应该适应那里的环境，才能使香港为我所用。""香港应该化为经济上对我们有用的港口。对在港的民族资产阶级，过去合作过，将来还可以合作。""港澳的同胞不要担心前途。他们当中如果有些人主动坚决要求回来，可以同意。但不要动员他们回来，要让他们留在那里经营自己的企业。我们可以同他们内外合作，不使人家吃亏。至于有些人一时还不相信我们，对我们的政策有怀疑，可以让他们再看一看，看一二十年都可以。我们不要歧视他们，责怪他们。如果内地有一些人想出去，也是允许的。"但也不是主动去号召。"不要强留一些人在内地，有些人在外面过一阵还会回来的。凡有爱国心的人，我们就欢迎，对他们不要强劝回来，也不强留。"现在我国社会主义革命已经基本上胜利了，要进行社会主义建设，“香港可作为我们同国外进行经济联系的基地，可以通过它吸收外资，争取外汇。我们要打开局面。就得对香港的民族资产阶级讲清政策，使人家有利可图。”①

但是，并不是所有人都对中国共产党关于香港问题的战略思考持肯定态度。20 世纪 60 年代初期，在苏联共产党的指挥棒下，许多国家的共产党掀起了一股围攻中国共产党的浪潮。1963 年初，美国共产党发表了一个“声明”，攻击中国共产党在加勒比海危机中的政策是“导致热核战争的政策”，“这种假左派的教条主义和宗派主义路线，同最富有侵略性的美帝国主义的路线是吻合的”；他们歪曲中国共产党关于对帝国主义进行针锋相对斗争的主张，并别有用心地利用台湾、香港、澳门问题做文章，攻击中国自己不反对帝国主义，却鼓动别人对帝国主义采取冒险政策；指责中国共产党是“社会主义国家竟然允许殖民地存在”。为了回答和澄清美国共产党对于中国共产党处理台湾、香港、澳门等问题的方针政策所作的攻击和歪曲，3 月 8 日，《人民日报》发表了一篇经毛泽东、周恩来、邓小平等审阅、修改的社论《评美国共产党声明》，再次详尽地阐述了中国共产党关于香港问题乃至于对于一系列西方列强强加给旧中国政府的不平等条约的严正态度：

> 在中国革命胜利以前 100 多年期间，美国、英国、法国、沙皇俄国、德国、日本、意大利、奥地利、比利时、

① 《周恩来统一战线文选》，人民出版社 1984 年版，第 353～355 页。

荷兰、西班牙、葡萄牙等帝国主义和殖民国家，曾经猖狂地侵略中国。它们强迫旧中国政府同它们签订了许多不平等条约，诸如1842年南京条约、1858年瑷珲条约、1858年天津条约、1860年北京条约、1881年伊犁条约、1887年中葡条约、1895年马关条约、1898年展拓香港界址专条、1901年辛丑条约，等等。根据这些不平等条约，它们从中国的东南西北四方侵夺中国的领土，从中国的沿海和内地租借中国的土地。它们有的攫取台湾，有的侵占香港、强租九龙，有的永占澳门，等等。

我国政府在中华人民共和国成立时就宣布，对于历史遗留下来的历届中国政府同外国政府所订立的条约，要分别按其内容，或者承认，或者废除，或者修改，或者重订。在这方面，我们对社会主义国家的政策，同对帝国主义国家的政策是根本不同的。对各个帝国主义国家，我们在政策上也是根据不同情况区别对待的。事实上，历史上的许多条约有的已经失效，有的已经废除，有的则被新的条约所代替。还有一些历史遗留下来悬而未决的问题，我们一贯主张，在条件成熟的时候，经过谈判和平解决，在未解决以前维持现状，例如香港、九龙、澳门问题，以及一切未经双方正式划定的边界问题，就是这样。至于台湾、澎湖，已经在1945年归还中国，现在的问题是美帝国主义侵占台湾、澎湖，干涉中国内政。中国人民一定要行使主权，解放自己的领土台湾，同时，通过中美两国大使级的华沙谈判，争取解决美国武装部队撤出台湾和台湾海峡的问题。我们这种立场，不但符合中国人民的利益，而且符合社会主义阵营各国人民和全世界人民的利益。

也许正是因为国际上有一股歪曲中国共产党关于台湾、香港、澳门等问题的方针政策的逆流，1963年8月9日，毛泽东在会见索马里总理舍马克时专门就这些问题作了深刻的阐释。毛泽东明确指出：

至于香港，英国没有多少军事力量，我们要占领是可以的。但过去有条约关系，小部分是割让的，大部分是租借的，租期是九十九年，还有三十四年才满期。这是特殊情况，我们暂时不准备动它。香港是通商要道，如果我们现在就控制它，对世界贸易、对我们同世界的贸易关系都不利。我们不动它并不是永远不动它，英国现在安心，将来会不安心的。[①]

上述情况说明，中华人民共和国的诞生和第一代中央领导集体的英明决策，为1997年香港的回归奠定了基础。

① 《毛泽东年谱（一九四九——一九七六）》第五卷，中央文献出版社2013年版，第249～250页。

三、邓小平关于“一国两制”的战略构想

◎毛泽东强调，台湾只要同美国断绝关系归还祖国，其他一切都好办

◎邓小平宣布：“我们不再用‘解放台湾’这个提法了。只要台湾回归祖国，我们将尊重那里的现实和现行制度。”

香港回归，是邓小平关于“一国两制”战略构想的第一次成功实践。但是，“一国两制”战略构想，最早并不是针对香港问题，而是针对台湾问题提出的。

20 世纪 50 年代中期，中国共产党对于台湾问题的战略思考，开始做出重大调整：第一是提出了两种可能性，即非和平方式与和平方式解放台湾的两种可能性，而在两种可能性之间，要努力争取和平解放台湾；第二是为了实现和平解放台湾的战略目标，提出了实现“第三次国共合作”的战略构想。这一重大调整，既可以避免以战争方式解放台湾所带来的重大损失，又可以挫败美国等制造“两个中国”及“中立化”、“国际托管”等图谋。1955 年 2 月 3 日，周恩来向出席全国计划工作会议等专业会议代表作报告时指出：

我们只有弄清资本主义世界对台湾问题的看法和做法，看清楚世界大势，才能站稳我们的立场，确定我们的方针，运用我们的策略，来达到既维护我们国家的主权，

解放我们的领土台湾，又能维护世界和平，反对侵略战争的目的。我们的立场是：台湾是属于中国的。这是不容争辩的。不解放台湾，决不罢休。我们的方针是：只要美军撤退，台湾可以和平解放。我们要提出这样的响亮口号。这个口号什么时候公开提出，要看形势的发展。就是谈判和平解放，也要有力量才能实现。

这是周恩来代表中共中央第一次在内部会议上提出“和平解放台湾”的口号。4 月 5 日，毛泽东主持中央政治局会议，同意周恩来提出的建议，即在亚非会议上，可视当时情况，“相机提出在美国撤退台湾和台湾海峡的武裝力量的前提下，和平解放台湾的可能。”据此，4 月 15 日，周恩来在参加亚非会议途经缅甸，在仰光同缅甸总理吴努会谈时指出：

中国同蒋介石集团之间的战争是内战的继续，过去没有现在也不允许外来干涉。如果美军撤退，我们是可能用和平的方式解放台湾。只要蒋介石同意中国的和平和统一，同意和平解放台湾，并派代表来北京谈判，我相信即使蒋介石本人中国人民也会宽恕他。但是蒋介石集团必须承认中央人民政府，不能自称代表中国。

4 月 23 日，周恩来在出席缅甸、锡兰、中国、印度、印度尼西亚、巴基斯坦、菲律宾和泰国等八国代表团团长会议时，提出：“中国人民解放台湾有两种可能的方式，即战争的方式和和平的方式，中国人民愿意在可能的条件下，争取用和平的方式解放台湾。”这是中国共产党人第一次在国际会议上公开提出“和平解放台湾”的口号。当有人问到台湾和平解放后是否可以委任蒋介石为将军时，周恩来回答说：完全可以。周恩来还针对中美关系，在会议上发表声明：“中国同美国人民是友好的。中国人民不要同美国打仗。中国政府愿意同美国政府坐下来谈判，讨论和缓远东紧张局势的问题，特别是和缓台湾地区的紧张局势问题。”

公开在国际上提出“和平解放台湾”的口号后，毛泽东、周恩来等中共领导人在多种场合反复强调这一方针，加大了对于这一方针的宣传力度。1956 年 1 月，毛泽东在审改周恩来在全国政协二届二次会议上的《政治报告》稿时，对关于台湾问题的内容作了以下修改：

我国政府一年来曾经再三指出：除了用战争方式解放台湾以外，还存在着用和平方式解放台湾的可能性。这样，我国大陆人民和台湾人民就有一种共同的爱国的责任，这就是除了积极准备在必要的时候用战争方式解放台湾以外，努力争取用和平方式解放台湾。

……凡是愿意走和平解放台湾道路的，不管任何人，也不管他们过去犯过多大罪过，中国人民都将宽大对待，不究既往。[1]

① 《建国以来毛泽东文稿》第 6 册，中央文献出版社 1987 年版，第 32～33 页。

在国共两党沟通比较困难的时期，通过一些与国民党方面有历史渊源的故交，传递中共中央关于和平解放台湾及实现第三次国共合作的诚意，是一条重要的通道。1956 年 3 月 16 日，周恩来接见李济深的前卫士长、英国人马坤。在谈话中说：

你是一个热爱中国和中国人民的人。我们欢迎你来。你到台湾去，不会有坏处，只会有好处。如果你这次或者以后到了台湾，请你向蒋介石或你的其他朋友转达几句话：首先，你可以向他们说，蒋介石是我们的老朋友，他认识毛主席，也认识我。我们同他合作过两次。最后一次谈判是在南京，那是一九四六年那次谈判破裂以后，接着打了三年内战，至今还没有结束。但是，中国共产党人从来没有说，我们永久不再谈判。我们从来没有把和谈的门关死。任何和谈的机会，我们都欢迎，我们是主张和谈的。既然我们主张和谈，我们就不排除任何一个人，只要他赞成和谈。蒋介石还在台湾，枪也在他手里，他可以保住。主要的是使台湾归还祖国，成为祖国的一个组成部分。这就是一件好事。如果他做了这件事，他就可以取得中国人民的谅解和尊重，而这件事也会像你所说的那样载入历史。中国共产党讲话是算数的，我们说的话是兑现的，我们从不欺骗人。

7 月中旬，周恩来三次接见原国民党中央通讯社记者、时任《南洋商报》特派记者曹聚仁。在谈话中，曹聚仁问道，十几天前（6月28日）周恩来在全国人大会的发言中谈到“和平解放台湾”，票面里有多少实际价值？周恩来回答说：

和平解放台湾的实际价值和票面价值完全相符。国民党和共产党合作有过两次，第一次合作有国民革命军北伐的成功，第二次合作有抗战的胜利，这都是事实。为什么不可以第三次合作呢？台湾是内政问题，爱国一家，为什么不可以来合作建设呢？我们对台湾，绝不是招降，而是要彼此商谈。只要政权统一，其它都可以坐下来共同商量安排的。中共说什么，要怎么做，从来不用什么阴谋、玩什么手法的。中共决不做挖墙脚一类的事。

10月3日，毛泽东、周恩来在中南海会见曹聚仁。会见时曹聚仁提到，台湾方面了解第三次世界大战已经没有可能，反攻大陆也不可能。他们曾表示，国共和谈，条件成熟时，可能在一个晚上成功。毛泽东听了以后，说：也可能很快，也可能很慢，但我们并不着急。毛泽东强调：

台湾只要同美国断绝关系归还祖国，其他一切都好办。现在台湾的连理枝是接在美国的，只要改接到大陆来，可派代表参加人民代表大会和政协全国委员会，台湾一切照旧。台湾何时进行民主改革和社会主义改造，则要取得蒋先生的同意后才做，现在可以实行三民主义。可以同大陆通商，但是不要派特务来大陆破坏。我们也不派

"红色特务"去破坏他们。谈好了可以定个协定公布。[1]

会见结束，周恩来在送曹聚仁出门时，特意提醒他：今天主席提到蒋时称"蒋先生"，请注意。

10月7日，周恩来第四次会见曹聚仁，在谈话中更具体地提到了关于国共合作后的人事安排的设想。周恩来说："蒋介石当然不要做地方长官，将来总要在中央安排。台湾还是他们管，如辞修（陈诚）愿意做台湾地方长官，经国（蒋经国）只好让一下做副的。其实辞修、经国都是想干些事的。辞修如愿到中央，职位当不在傅宜生（傅作义）之下。经国也可以到中央。"又说，"我们现在已不公开宣传反蒋。至于下面小报说几句，我们也管不了，这就是为和谈制造气氛。我们的手总是伸着的。蒋介石前天对外国记者说还要我们缴械投降。为了应付美国人，可以说反共的话，这我们完全理解。我们劝他们约束一下，不要派人来搞破坏活动。……我们不破坏他们，希望他们内部团结，不发生内乱，希望台湾整个归还祖国怀抱。他们的一切困难都可以提出，我们是诚意的，我们可以等待，希望他们也拿出诚意来。"

1960年5月24日，周恩来接见张治中等民主人士，为了使蒋介石了解中共的对台政策，请张治中致信蒋介石，要求信一定要送到蒋氏父子手中。周恩来详尽地阐述了中共中央的对台政策，归纳为著名的"一纲四目"：台湾宁可放在蒋氏父子

① 《毛泽东年谱（一九四九—一九七六）》第三卷，中央文献出版社2013年版，第4～5页。

手里，不能落到美国人手中。台湾必须统一于中国。具体如下：

（一）台湾回归祖国后，除外交必须统一于中央外，所有军政大权、人事安排等悉委于蒋，陈诚、蒋经国亦悉由蒋意重用；

（二）所有军政及建设经费不足之数悉由中央拨付；

（三）台湾的社会改革可以从缓，必俟条件成熟并征得蒋之同意后进行；

（四）互约不派特务，不做破坏对方团结之举。

1961 年 6 月 13 日，毛泽东在会见印度尼西亚总统苏加诺时，谈到中国加入联合国和台湾问题。苏加诺介绍说，外界关于中国加入联合国的问题有两种主张：一种主张是中国大陆和台湾成为一个整体，作为一个国家进入联合国；另一种主张认为中国可以先进入联合国，然后在联合国里同朋友们一道进行斗争，使得联合国里只有中国，把蒋介石的代表驱逐出联合国，台湾归还中国。听了这两种主张后，毛泽东回答说，只能一步走。如果台湾归还中国，中国就可以进联合国。如果台湾不作为一个国家，没有中央政府，它归还中国，那么台湾的社会制度问题也可以留待以后谈。我们容许台湾保持原来的社会制度，等台湾人民自己来解决这个问题。①

毛泽东、周恩来关于台湾问题的一系列论述，已经蕴涵了“一国两制”思想的萌芽。

---

① 《毛泽东年谱》（一九四九—一九七六）第四卷，中央文献出版社 2013 年版，第 604 页。

由于蒋介石对于中共和谈的诚意始终抱有疑虑，再加上持续十年的“文化大革命”的严重干扰，对台政策“一纲四目”的实施在“文化大革命”期间没有太大的进展。“文化大革命”结束后，如何推进两岸关系，实现祖国统一大业，成为中共中央着重思考的一个重大课题。

邓小平关于以“一国两制”的方式方法来解决台湾问题的最初设想，开始于党的十一届三中全会召开前后。1978 年 10 月 8 日，邓小平在会见日本文艺家江藤淳时指出：如果台湾归回中国，中国对台湾的政策将根据台湾的现实来处理。10 月下旬，邓小平访问日本，两次会见日本首相，都谈到了台湾问题，表示：我们将在充分尊重台湾的现实的基础上，来解决台湾问题。11 月 14 日，邓小平在访问泰国、马来西亚、新加坡后，回国途中在缅甸同缅甸总统吴奈温会谈时说：在解决台湾问题时，我们会尊重台湾的现实。比如，台湾的某些制度可以不动，美、日在台湾的投资可以不动，那边的生活方式可以不动，但是要统一。11 月 27 日，邓小平会见美国专栏作家罗伯特·诺瓦克，再次强调：和平统一实现以后，台湾可以保持非社会主义的经济和制度。11 月 28 日，在会见美国友好人士斯蒂尔时，邓小平明确指出：“我们多次讲过，台湾归还中国，实现祖国统一，在这个前提下，我们将尊重台湾的现实来解决台湾问题。台湾的社会制度同我们现在的社会制度当然不同，在解决台湾问题时，会照顾这个特殊问题。”邓小平同时也明确宣告：“美国方面要中国承担不使用武力解放台湾的义务，这不行。”1979 年 1 月 24 日上午，邓小平会见美国时代出版公司总编辑多诺万和《时代》杂志驻香港分社社长克拉克时，再次谈到台湾问题。邓小平指出："我们的政策和原则合情合理。我们尊重台湾的现实。台湾当局作为一个地方政府拥有它自己的权力，就是它可以有自己一定的军队，同外国的贸易、商业关系可以继续，民间交往可以继续，现行的政策、现在的生活方式可以不变，但必须是在一个中国的条件下。"1 月 29 日至 2 月 5 日，邓小平访问美国。1 月 30 日，邓小平在华盛顿对美国参、众两院议员发表演说，在谈到台湾问题时，邓小平宣布："我们不再用'解放台湾'这个提法了。只要台湾回归祖国，我们将尊重那里的现实和现行制度。"需要说明的是，在此之前召开的中共十一届三中全会发布的会议公报第一次以"台湾回到祖国怀抱，实现统一大业"代替了"解放台湾"的提法。[①]

这一时期邓小平论述台湾问题的基本精神，集中体现在 1979 年 1 月 1 日中华人民共和国全国人民代表大会常务委员会发布的《告台湾同胞书》中。《告台湾同胞书》郑重宣告：

> 今天，实现中国的统一，是人心所向，大势所趋。世界上普遍承认只有一个中国，承认中华人民共和国政府是中国唯一合法的政府。最近中日和平友好条约的签定，和中美两国关系正常化的实现，更可见潮流所至，实非任何人所得而阻止。目前祖国安定团结，形势比以往任何时候

① 参见《邓小平年谱（一九七五——一九九七）》（上），中央文献出版社 2004 年版，第 396、410、430、442、474、478 页。

都好。在大陆上的各族人民，正在为实现四个现代化的伟大目标而同心戮力。我们殷切期望台湾早日归回祖国，共同发展建国大业。我们的国家领导人已经表示决心，一定要考虑现实情况，完成祖国统一大业，在解决统一问题时尊重台湾现状和台湾各界人士的意见，采取合情合理的政策和办法，不使台湾人民蒙受损失。台湾各界人士也纷纷抒发怀乡思旧之情，诉述“认同回归”之愿，提出种种建议，热烈盼望早日回到祖国的怀抱。时至今日，种种条件都对统一有利，可谓万事俱备，任何人都不应当拂逆民族的意志，违背历史的潮流。

我们寄希望于一千七百万台湾人民，也寄希望于台湾当局。台湾当局一贯坚持一个中国的立场，反对台湾独立。这就是我们共同的立场，合作的基础。我们一贯主张爱国一家。统一祖国，人人有责。希望台湾当局以民族利益为重，对实现祖国统一的事业作出宝贵的贡献。

同日，国防部部长徐向前命令中国人民解放军停止对金门等岛屿的炮击。

显然，在20世纪70年代末80年代初，邓小平对于如何解决台湾问题作了深入的思考，并形成了比较完整的思路。1981年8月26日，邓小平在北京会见港台知名人士傅朝枢时，介绍了解决台湾问题的基本思路。邓小平说，台湾不搞社会主义，社会制度不变，台湾人民的生活水平不降低，外国资本不动，甚至可以拥有自己的武装力量。我们要力求通过和平方式解决台湾问题，实现祖国统一，但是也不能排除在某种情况下被迫使用武力。即使使用武力方式解决台湾问题，台湾的现状也可以不变。台湾作为中华人民共和国的一个省、一个区，还保持它原有的制度和生活方式。两岸实现“三通”没有先决条件。“三通”就是说，先来往，增加彼此了解，增加人民之间的了解，这是促进谈判的一种方式。所有国际朋友如果是真心要促进中国统一的，我们欢迎，归根结底，中国的统一这件事要台湾海峡两岸的领导人和人民来决定。首先希望两岸的领导人为中华民族的历史来做这件好事，这在历史上是要大书特书的。希望台湾的一些领导人把眼界放宽一点、放远一点。中国人民站立起来，中华人民共和国的历史地位，祖国的统一富强，国家的希望，这是个前提，没有这个前提，什么谈判啊，“三通”啊，都谈不上。[①] 可以看出，这段话已经包含了“一国两制”的基本要点。

需要引起我们注意的是，在这一段时间，邓小平强调要争取用和平方式解决台湾问题，但始终没有承诺放弃使用武力。就在与傅朝枢谈话的第二天，邓小平会见美国前总统卡特和夫人，明确表达了这一层意思。邓小平说：

> 在台湾问题上，我们的方针是立足于用和平的方式解决祖国统一问题。但至少在三种情况下，我们不能放弃使用武力：一、台湾领导人根本不同我们谈，使和平方式成

① 参见《邓小平年谱（一九七五—一九九七）》（下），中央文献出版社 2004 年版，第 764 页。

为不可能；二、台湾当局投靠外国，台湾变成外国的基地；三、台湾用武力统一中国。为了争取用和平方式解决祖国统一问题，我们明确宣布了祖国统一后的台湾地位和我们的政策。我们是以现实主义的态度对待这个问题。①

在争取以和平方式解决祖国统一问题的同时，绝不承诺放弃使用武力方式，并具体指出在何种情况下使用武力方式，这一严正的宣示，具有重大的意义：它不仅表明用何种方式解决祖国统一问题完全是中国内政，不容外国势力以任何借口干预；而且对于任何分裂祖国的势力是一个严重的警告，如果分裂势力胆敢铤而走险，采取极端措施分裂祖国，武力解决将成为实现祖国统一的必然抉择。

1981年9月30日，中华人民共和国全国人民代表大会常务委员会委员长叶剑英向新华社记者发表谈话，提出有关和平统一台湾的九条方针政策。这些方针政策，后来被简称为“叶九条”，即，

（一）为了尽早结束中华民族陷于分裂的不幸局面，我们建议举行中国共产党和中国国民党两党对等谈判，实行第三次合作，共同完成祖国统一大业。双方可先派人接触，充分交换意见。

（二）海峡两岸各族人民迫切希望互通音讯、亲人团

① 《邓小平年谱（一九七五——一九九七）》（下），中央文献出版社2004年版，第766页。

聚、开展贸易、增进了解。我们建议双方共同为通邮、通商、通航、探亲、旅游以及开展学术、文化、体育交流提供方便，达成有关协议。

（三）国家实现统一后，台湾可作为特别行政区，享有高度的自治权，并可保留军队。中央政府不干预台湾地方事务。

（四）台湾现行社会、经济制度不变，生活方式不变，同外国的经济、文化关系不变。私人财产、房屋、土地、企业所有权、合法继承权和外国投资不受侵犯。

（五）台湾当局和各界代表人士，可担任全国性政治机构的领导职务，参与国家管理。

（六）台湾地方财政遇有困难时，可由中央政府酌情补助。

（七）台湾各族人民、各界人士愿回祖国大陆定居者，保证妥善安排，不受歧视，来去自由。

（八）欢迎台湾工商界人士回祖国大陆投资，兴办各种经济事业，保证其合法权益和利润。

（九）统一祖国，人人有责。我们热诚欢迎台湾各族人民、各界人士、民众团体通过各种渠道、采取各种方式提供建议，共商国是。

"叶九条"的发布，在国内外产生了重大反响。1982 年 1 月 11 日，邓小平在会见美国华人协会主席李耀滋时，高度评价了"叶九条"的意义，第一次提出了"一个国家，两种制度”的概念。邓小平指出：

九条方针是以叶副主席的名义提出来的，实际上是一个国家两种制度，两种制度是可以允许的，他们不要破坏大陆的制度，我们也不破坏他们那个制度。国家统一是我们整个中华民族的愿望。这不仅有利于子孙后代，在中国五千年的历史上也是一件大事。我们是从这样的角度着想和对待这个问题。说什么“统战手法”，我们不搞。我们讲大政方针。没有这样的气度不行。①

1983 年 6 月 25 日，邓小平在会见美国西东大学教授杨力宇时，进一步阐述了实现台湾和祖国大陆和平统一的具体构想，概括起来，有以下六条：

（一）台湾问题的核心是祖国统一。和平统一已成为国共两党的共同语言。

（二）制度可以不同，但在国际上代表中国的，只能是中华人民共和国。

（三）不赞成台湾“完全自治”的提法，“完全自治”就是“两个中国”，而不是一个中国。自治不能没有限度，不能损害统一的国家的利益。

（四）祖国统一后，台湾特别行政区可以实行同大陆

① 参见《邓小平年谱（一九七五——九九七）》（下），中央文献出版社 2004 年版，第 797 页。

不同的制度，可以有其他省、市、自治区所没有而为自己所独有的某些权力。司法独立，终审权不须到北京。台湾还可以有自己的军队，只是不能构成对大陆的威胁。大陆不派人驻台，不仅军队不去，行政人员也不去。台湾的党、政、军等系统都由台湾自己来管。中央政府还要给台湾留出名额。

（五）和平统一不是大陆把台湾吃掉，当然也不能是台湾把大陆吃掉，所谓“三民主义统一中国”不现实。

（六）要实现统一，就要有个适当方式。建议举行两党平等会谈，实行国共第三次合作，而不提中央与地方谈判。双方达成协议后可以正式宣布，但万万不可让外国插手，那样只能意味着中国还未独立，后患无穷。①

邓小平还中肯地指出：“我们是要完成前人没有完成的统一事业。如果国共两党能共同完成这件事，蒋氏父子他们的历史都会写得好一些。当然，实现和平统一需要一定时间。如果说不急，那是假话，我们上了年纪的人，总希望早日实现。要多接触，增进了解。我们随时可以派人去台湾，可以只看不谈。也欢迎他们派人来，保证安全、保密。我们讲话算数，不搞小动作。”

后来被人们简称为“邓六条”的上述具体构想，是对于“一国两制”方针的比较完整、系统的概述。“一国两制”方针

① 参见《邓小平年谱（一九七五——一九七九）》（下），中央文献出版社2004年版，第917页。

的基本框架已经形成。后来又经过补充和完善，到1984年5月15日，全国人大六届二次会议的《政府工作报告》，正式宣布祖国统一之后可以实行“一个国家，两种制度”的设想；10月3日，邓小平在会见港澳同胞国庆观礼团时，明确把这一方针概括为“一国两制”。“一国两制”方针的要点包括：

（一）世界上只有一个中国，台湾是中国不可分割的一个部分，中央政府在北京。

（二）在一个中国的前提下，两种制度并存，即大陆实行社会主义制度，这是主体，台湾实行资本主义制度。两种制度长期共存，共同发展。谁也不吃掉谁。

（三）统一后，台湾成为中国的特别行政区，享有高度的自治权，即它拥有在台湾的行政管理权、立法权、独立的司法权和终审权；党、政、军、经、财等事宜都自行管理；可以同外国签订商务、文化等协定，享有一定的外事权；有自己的军队，大陆不派军队也不派行政人员驻台。特别行政区政府和台湾各界的代表人士还可以出任国家政权机构的领导职务，参与全国事务的管理。

（四）通过接触谈判，以和平方式实现国家统一。两岸都是中国人，如果因为中国的主权和领土完整被分裂，兵戎相见，骨肉相残，对两岸的同胞都是极其不幸的。和平统一，有利于全民族的大团结，有利于台湾社会经济的稳定和发展，有利于全中国的振兴和富强。

但是，邓小平提出的实现第三次国共合作，以“一国两制”的方式方法实现祖国统一的方针，当时并没有得到台湾国民党方面的积极回应。1979 年 1 月 1 日，全国人大常委会《告台湾同胞书》刚刚发表，立即遭到蒋经国的否决。当日，一位台湾当局发言人发表谈话称：“我们在任何情况下都绝不会同中国共产党进行任何形式的谈判，我们过去的经验已使我们有了足够教训，无论如何不能相信共产党人。”“只有在中国大陆的人民摆脱共产主义时，我们才会坐下来同任何人谈判。”后来，蒋经国提出了“三不”政策，即与大陆方面“不接触、不谈判、不妥协”，欲以此抗衡“一国两制”方针。解决台湾问题的历史条件显然还不成熟。

恰在邓小平酝酿、提出“一国两制”战略构想的过程中，随着 1997 年的临近，1898 年中英签订的《展拓香港界址专条》中九十九年期限将要到期，如何解决香港问题摆在了中共领导人的日程上。

四、邓小平的“天才杰作”

◎麦理浩提出香港土地契约问题

◎“主权问题不是一个可以讨论的问题”

◎“一国两制，香港实行资本主义 50 年不变”

◎“我活到 1997 年，就是要到香港自己的土地上走一走，看一看”

1979 年 3 月 28 日，应中国对外贸易部部长李强的邀请，香港总督麦理浩和香港政府政治顾问卫奕信、行政局首席非官守议员简悦强一行抵达北京访问。第二天，邓小平会见麦理浩一行，陪同会见的有港澳办主任廖承志和李强。

这次麦理浩北京之行，是有备而来。随着“九七大限”临近，一个尖锐、棘手的问题摆在英国内阁和港英当局面前，这就是“土地契约”问题。自 1842 年英国强占香港后，香港在很多方面都沿用英国的法律，唯独土地管理制度，与英国本土截然不同。英国本土是永久业权制，而香港则实行土地批租制度，即土地所有权归英国皇室所有，港英政府代为管理并向土地开发商或土地使用者批租土地，开发商或使用者通过承租取得规定期限内的土地使用权，并向港英政府一次性交纳规定期限内的土地使用权出让金。土地契约是土地出让方和受让方之间达成的协议，在协议中出让方允诺在一定期限内将土地使用权出让给受让方，受让方支付土地出让金后在规定期限内拥有土地使用权，并在期限届满后归还土地。土地契约的内容包括土地的地理位置、面积、租约的期限、土地用途（如住宅用途、工商业用途或其他用途）和对土地使用的限制条件（如建筑物的高度、式样等），土地契约的各项条款非经双方同意不得更改。在这里，关键是香港土地批租的期限。英国统治香港的 100 多年时间内，香港土地的租赁期有多次变化。1844 年以后租期确定为 75 年，并不可续约。对于这种限制，许多承租人很不满意，认为时间太短。1848 年，港英政府把租期从 75 年延长至 999 年，而且不须补交任何地价。过长的租期，其弊端很快就暴露出来。港英政府也逐渐意识到，地价升值的收益，只有承租人单方面独享，港英政府则从中得不到任何收益。而土地批租所得收益，是港英政府财政的主要来源。于是，1898 年，也就是强租新界及离岛之后，港英政府在新批土地时取消了 999 年租期的租约，代之以 75 年可再续租 75 年且不另收地价的租约，同时政府要求承租人在 75 年租期期满后支付按新标准制定的土地租金，此后，75 年租期成为标准租期。但是，占整个香港面积 2/3 强的新界及沿海离岛，却是一个例外。到 1997 年，《展拓香港界址专条》到期，所以，这一大片土地的批租，期限只能到 1997 年 6 月 30 日，而不能越过这个日子。于是，港英政府在批租新界及相关离岛的土地时，期限规定到 1997 年 6 月 30 日前三天。即是说，三天后，港英政府必须把这些土地一并交还给中国政府。

显然，随着 1997 年的临近，新界土地的批租年限越来越短，土地租约期满的日子越来越近，这种状况不能不影响到香港和海外的投资者的信心。已经出现的“移民潮”“逃资潮”就是一个危险的信号。香港的末任总督彭定康的一段话，很能说明英国内阁和港英当局的担心不是没有道理的：

> 香港殖民统治的结局注定是要和其他地方不同的。中国在十九世纪割让给英国的，只是香港的一部分；其余绝大部分土地都是租借来的，租期到 1997 年届满。依理，这些割让的土地可以不还。……但是无论从政治的明智考量以及行政的可行性来看，事实上都是不可能的。因为香

港本岛和九龙半岛（即依条约割让的土地）其粮食与饮水都必须仰赖新界及其他内陆地区的供应。[①]

由此可见，土地契约问题，绝不是简单的经济问题，而是关乎到香港前途的尖锐的政治问题。甚至这个问题对于英国本土都会产生重大影响：

英国方面从20世纪70年代开始就已经承受着“香港崩溃”的巨大压力，一轮轮“移民潮”、“逃资潮”就是“危险的信号”。他们担心，如果“九七”香港走向“易帜”的“不归路”，将不仅仅意味着自由资本主义的经济奇迹——“香港现象”消失，而且其“毁灭性的灾难”将波及英国本土，“香港难民”就是一个无法释怀的梦魇——英国政府对于“将会有大批‘非白人’移民涌入感到畏惧异常，因为他们非常清楚地知道，香港的混乱将使数以十万的香港华人涌入英国。尽管1962年的英联邦移民法案已经剥夺了香港英籍护照人士进入英国本土的权利，但是在危机时期，他们却有充足的理由进入英国。在以后谈判解决香港问题的整个过程中，英国政府害怕香港难民涌入英国是一个很重要的背景因素。[②]

① 参见齐鹏飞《1979年3月邓小平与麦理浩的“北京会谈”》，《党史研究与教学》2014年第2期。

② 参见齐鹏飞《1979年3月邓小平与麦理浩的“北京会谈”》，《党史研究与教学》2014年第2期。

在这样的背景下，麦理浩来到北京。在3月29日的会见中，出乎麦理浩的意料，他还没有来得及提到所谓的土地契约问题，邓小平就很坦率地宣布了中国政府对于香港问题的立场和态度。邓小平指出：

现在有人开始担心香港将来的前途和地位问题。对这个问题，我们有一贯的立场。我们历来认为，香港主权属于中华人民共和国，但香港又有它的特殊地位。香港是中国的一部分，这个问题本身不能讨论。但可以肯定的一点，就是即使到了一九九七年解决这个问题时，我们也会尊重香港的特殊地位。现在人们担心的，是在香港继续投资靠不靠得住。这一点，中国政府可以明确地告诉你，告诉英国政府，即使那时作出某种政治解决，也不会伤害继续投资人的利益。请投资的人放心，这是一个长期的政策。①

看到会谈气氛比较融洽，麦理浩借此提出了土地契约问题，很隐晦地表达了在1997年之后继续由英国人管治香港的愿望。他说：

副总理先生刚才谈到香港的未来问题。这一点你讲得很清楚，我也明白，但这个问题将来最终要由英国政府和中国政府之间来解决。你们的代表也经常讲，这个问题在

① 《邓小平思想年编（一九七五—一九九七）》（上），中央文献出版社2011年版，第228页。

时机成熟时就会解决。我们现在有一个非常急迫的问题不能等到将来解决。这就是允许一些私人在新界租地的问题。现在申请人每年多到上万，每月也有成百人。我们颁布的契约都必须写明有效期限是1997年6月以前。……这个问题如果不解决，就会影响对这一地区的投资。……我也在考虑一些解决这个问题的办法。这个办法必须同中国对香港问题的立场不发生矛盾。我想了一个很简单的解决办法……我建议把原来契约上写的有效期限“1997年”去掉，改为只要新界仍在英国管治之下，契约依然有效。这同中国的立场并不矛盾。[①]

尽管麦理浩强调：“这同中国的立场并不矛盾”，但是如果中国方面同意了他的提议，实际上就为1997年英国人继续管治香港留下了口实。也就是说，麦理浩的提议，与中国的立场是相矛盾的。邓小平敏锐地觉察到了隐藏在麦理浩提议后面的含义，明确表示：在土地租约问题上，不管用什么措辞，必须避免提到“英国管治”的字眼。邓小平再次强调：

中国政府的立场不影响投资者的投资利益，这就是：在本世纪和下世纪初相当长的时期内，香港还可以搞它的资本主义，我们搞我们的社会主义。就是到一九九七年香

① 参见齐鹏飞《1979年3月邓小平与麦理浩的“北京会谈”》，《党史研究与教学》2014年第2期。

港政治地位改变了，也不影响他们的投资利益。[①]

邓小平与麦理浩的会见，打破了中英两国关于香港问题“冰封”多年的局面。此后，如何解决香港问题，就提上了中国政府的议事日程。

作为第一代中央领导集体的重要成员，邓小平当年就参与了关于香港问题“长期打算，充分利用”方针的决策过程。1974 年 5 月 25 日，毛泽东会见英国保守党领袖、刚刚下野的前首相爱德华·希思，会见时周恩来、邓小平等在座。毛泽东在谈话中提到了香港问题，他说：“你们剩下一个香港问题，我们现在也不谈。香港是割让的，九龙是租借的，还有二十四年。到时候怎么办，我们再商量吧。”说到这里，毛泽东指指邓小平等人说，是他们的事情了。实际上，毛泽东、周恩来等已经把解决香港问题的希望，寄予在更为年轻的邓小平等人身上。[②]

在会见麦理浩之后，邓小平对于香港问题给予了更多的关注和思考。1981 年 2 月 17 日，邓小平委托邓力群给廖承志打电话，告诉廖承志：香港问题已摆上日程，我们应该有一个明确的方针。请各有关部门研究，提出材料和方案，供中央

① 《邓小平思想年编（一九七五——一九九七）》（上），中央文献出版社 2011 年版，第 228 页。

② 参见《毛泽东年谱（一九四九——一九七六）》第五卷，中央文献出版社 2013 年版，第 535 页。

参考。[1]

4月3日，邓小平会见英国外交和联邦事务大臣卡林顿一行。英国客人询问中国政府如何保持香港的稳定和繁荣，邓小平回答说：

> 他们的生活方式、政治制度不变，这是我们的一项长期政策，而非权宜之计。对这个问题我们可以郑重地说，我在一九七九年同麦理浩爵士谈话时所作的保证，是中国政府正式的立场，是可以信赖的。可以告诉香港的投资者，放心好了。[2]

1982年4月6日，邓小平再次会见访华的希思。在会见中，希思回想起1974年5月与毛泽东会见时的情景。他说，记得1974年5月我第一次见到毛主席和周总理时，你也在座，我们讨论了香港问题。当时毛主席和周总理说，反正要到1997年，还早哪，还是让年轻人去管吧。希思接着问道：现在离1997年只有15年的时间了，你是如何考虑在这个期间处理香港问题的？因为很多人都要在香港投资，怎样才能使投资者不要担心呢？邓小平回答说：

---

① 参见《邓小平年谱（一九七五——一九九七）》（下），中央文献出版社2004年版，第715页。

② 《邓小平年谱（一九七五——一九九七）》（下），中央文献出版社2004年版，第729页。

香港的主权是中国的。中国要维护香港作为自由港和国际金融中心的地位，也不影响外国人在那里的投资，在这个前提下，由香港人，包括在香港的外国人管理香港。我们新宪法有规定，允许建立特别行政区，由香港人自己组成政府，不管是华人、英国人或其他人都可以参加，可以做政府雇员嘛，甚至成为香港政府的成员都可以考虑。香港的各种制度也不变，对外可用"中国香港"的名字发展民间关系，如贸易、商业关系。

在谈到1997年中国收回香港的时候，邓小平强调说：

如果中国那时不把香港收回来，我们这些人谁也交不了账。新界的租借，香港岛、九龙半岛的割让，是过去不平等条约定的，现在实际上是废除条约的问题。[1]

在同希思的谈话中，"一国两制"、"港人治港"等解决香港问题的核心要点都已经有了。可见，到了1982年上半年，经过两年多的深入思考，对于如何解决香港问题，邓小平已经胸有成竹。邓小平通过希思，把中国政府要在1997年收回香港这一信息传了出去。现在，需要在一个适当的场合，公布中国政府这一决定。

1982年6月15日上午，邓小平在北京会见12位香港地区

① 《邓小平年谱（一九七五—一九九七）》（下），中央文献出版社2004年版，第812页。

的全国人大代表和政协委员。在这次会见中，邓小平向香港的这些知名人士通报了中国政府关于在 1997 年收回香港的决策。这些人士听到这个消息，感到很突然，一时难以理解中央的这个决策。全国政协常委徐四民问邓小平，为什么要在这个时候收回香港这样一个小地方？如果真的一定要收回，是否可以分期分批收回？邓小平回答说：香港问题涉及版图和主权问题，一定要收回，不考虑分期分批收回的问题，而要收回一个完整的香港。这是中国官方第一次在公开场合宣布将在 1997 年收回整个香港的决定。

中国要收回香港的信息通过各个渠道传到了英国。英国时任首相撒切尔夫人对中国的这一决定十分不满。她顽固地认为，中英两国关于香港问题的三个条约符合国际法，仍然有效，存在的问题是续约，而不是废约。1982 年 7 月 28 日，英国和阿根廷的马尔维纳斯群岛战争刚刚结束，撒切尔夫人在首相府召开专门会议，研究香港前途问题。撒切尔夫人当时已经了解中国领导人关于香港问题的基本态度，她也深知，中国不是阿根廷，香港也不是马岛，她不敢也没有能力在香港问题上与中国动硬的。但她挟马岛之战的余威，拒绝接受中国的建议。她说，英国拥有香港是基于 19 世纪与中国签定的三个条约。其中香港和九龙是永久割让地，只有“新界”是租借地。中国宣称这三个条约是不平等的，对它无约束力，但是“依据英国理解的国际法，所有这三个条约都是有效的”。中国政府如欲收回整个香港，就必须与英国政府达成协议，修改那两个割让条约的相关条款，“这是唯一合法的途径”。

9月22日下午1时20分，一架英国皇家空军专机在北京机场降落，撒切尔夫人带着大批智囊、谋士、新闻记者访华。一家西方报纸报道：

> 说来也巧，这个日子正值主张“和为贵”的中国古代伟大思想家孔子诞辰2463年纪念之时。她（指撒切尔夫人）在丈夫丹尼斯及一大批政府官员和16名记者陪同下，来到这具有五千年文明史的礼仪之邦——中国。

言外之意，主张“和为贵”的中国，会在解决香港问题上作出较大的让步和妥协。这也正是撒切尔夫人的意愿。因此，在踏上中国的土地之际，撒切尔夫人仍然强调，“有关香港的三个条约在国际法上仍然有效”，只可通过协商加以修订，不可单方面予以废除。这就是说，英国对香港拥有主权，中国如果要收回主权，只有进行谈判。24日，邓小平在人民大会堂福建厅会见撒切尔夫人，就香港问题正式摊牌。在会谈一开始，撒切尔夫人就宣称，“有关香港的三个条约仍然有效”，只可通过协商加以修订，而不能单方面予以废除。她建议，如果中国同意1997年以后由英国继续管治香港，她可以“考虑向议会提议以令中国满意的方式处理整个主权问题”。撒切尔夫人的提议，实际上就是“以主权换治权”。其实，撒切尔夫人心里十分清楚，在当时的历史条件下，英国在1997年以后保住香港的主权，已经不现实了；那么，退而求其次，把香港主权还给中国，换取1997年以后英国对香港的管治，也许是最实际、也是最实惠的选择。后来，撒切尔夫人在她的回忆录中写道："我们的谈判目标因此是以香港岛的主权，交换英国未来对于整个殖民地的治权。以我多次咨询相关政商领袖的结果，这应是他们最能接受的解决方案。"但是，对于"以主权换治权"的提议，邓小平敏锐地觉察到，其实质就是中国只获得一个架空了的名义的主权。这实际上完全抵消了中国收回整个香港的意义。邓小平明确表示：

坦率地讲，主权问题不是一个可以讨论的问题。现在时机已经成熟了，应该明确肯定：1997年中国将收回香港。就是说，中国要收回的不仅是新界，而且包括香港岛、九龙。中国和英国就是在这个前提下来进行谈判，商讨解决香港问题的方式和方法。如果中国在1997年，也就是中华人民共和国成立48年后还不把香港收回，任何一个中国领导人和政府都不能向中国人民交代，甚至也不能向世界人民交代。如果不收回，就意味着中国政府是晚清政府，中国领导人是李鸿章！我们等待了33年，再加上15年，就是48年，我们是在人民充分信赖的基础上才能如此长期等待的。如果15年后还不收回，人民就没有理由信任我们，任何中国政府都应该下野，自动退出政治舞台，没有别的选择。所以，现在，当然不是今天，但也不迟于一二年的时间，中国就要正式宣布收回香港这个决策。我们可以再等一二年宣布，但肯定不能拖延更长的时间了。[1]

撒切尔夫人没有想到，她认为中国政府“最能接受的方案”竟然被邓小平如此直截了当地给否决了。撒切尔夫人不甘心就这样败下阵来，她危言耸听地说：如果中国要收回香港，将会带来“灾难性的影响”。邓小平冷静地回答说：“那我们要勇敢地面对这个灾难，做出决策。希望从夫人这次访问开始，两国政府官员通过外交途径进行很好的磋商，讨论如何避免这种灾难。”面对中国政府和邓小平不屈不挠的意志，号称“铁娘子”的撒切尔夫人不禁有些失措了，以至在会谈结束后走下人民大会堂的台阶时一脚踩空，跌倒在地。外电评述说：

> 看来她有些紧张。她没有料到中国态度那么坚定，在主权问题上连一点调和余地也没有，而且限定了时间，她没有这种思想准备。尽管她表面上态度强硬，多方辩解，但大英帝国的威风在堂堂正正的中华人民共和国的正义代表面前已经没有什么作用了。回去如何向议会交代？撒切尔夫人显然心神不定，因紧张而摔倒了。

对于邓小平关于香港问题的立场如此坚定，毫无通融的余地，完全出乎撒切尔夫人的意料。她不得不调整自己的立场。她回到英国后，带些调侃地对驻华大使柯利达说：“邓小平真

① 《邓小平文选》第三卷，人民出版社 1993 年版，第 12～13 页。

残酷啊！”

邓小平的睿智和坚定的意志，使这次会见取得了积极的成果，成为解决香港问题进程中具有历史意义的里程碑。25日，撒切尔夫人对英国广播公司电台记者戈登·马丁说：“同赵总理、邓主席会谈的气氛是友好的。我们承认有分歧，但认为共同的东西、共同的目的大于我们有分歧的东西。”后来，她在回忆录中写道：“虽然不易沟通，整个会谈毕竟不如想象中的失败。尽管未能达成当初目标，我仍与邓小平发表简短的声明，宣布双方在会谈并已达成维持香港安定繁荣的共识。为了回振港人疲软的信心，这样的声明相当重要。无论香港人民和我皆未获得所求，但我认为至少已为合理的磋商打下基础。我们都已能掌握对方的立场。”虽然撒切尔夫人以香港人民利益的代表自居已不合时宜，但她对于这次会谈的意义和作用的评价，还是很中肯的。这次会见，揭开了中英双方通过外交途径进行香港问题的磋商、谈判的序幕。不管磋商、谈判的过程如何艰难曲折，但最终所获得的成果，却充分体现了邓小平这次谈话的基本精神。

中英两国关于香港问题的谈判，经历了两个阶段。1982年10月开始，中国外交部副部长章文晋（1983年1月起由外交部副部长姚广继任）与英国驻华大使柯利达在北京洽谈，就香港问题谈判的基础、原则等问题交换意见。由于英国在对香港主权问题上的立场不变，磋商没有取得任何进展。面对谈判僵局，撒切尔夫人的忧虑日益沉重。因为她已经得到消息，中国政府行将拟就解决香港问题的建议案，很可能提交1983年6

月召开的全国人大审议通过，届时英国将陷于极为被动的局面。1月28日，撒切尔夫人召集相关大臣、官员和香港总督讨论与中方谈判的局势。为了摆脱僵局，撒切尔夫人甚至提议，必须发展香港的民主架构，使香港在短时间内完成独立或自治。她说："这其中包括了在香港建立一个更'中国'的政府和行政机关，让中国人民日益自主，使英国逐渐处于次要的地位。我们也考虑在香港设置一个行使公民复决权的机构，因为在立法局的选举中可看出香港的中国人对民主有极大的兴趣，政府必须予以回应。"但撒切尔夫人的这些建议，并没有得到与会者的响应。当撒切尔夫人得知这一类建议肯定不会得到中国政府的同意，也认为没有进一步研究的必要了。为了打破僵局，避免英国限于尴尬局面，3月9日，撒切尔夫人给中国政府写了一封信，对英国的立场作了较大的调整。她在信中告诉邓小平，如果能对香港的稳定与繁荣提出适当的安排，她将向国会提出有关香港主权的问题。撒切尔夫人写道："这项有关确保香港未来繁荣与稳定的协议，必须是英国和中国政府行政安排上能力所及的；同时也必须能为英国国会、香港人民以及中国政府所接受。我准备向国会提议，香港的主权必须重归中国。"撒切尔夫人表示，英国不反对中国以其对香港主权的立场进行谈判。4月，中国政府给撒切尔夫人复信，表示中国政府同意尽快举行正式谈判。到5月底，中英双方就谈判的程序问题及三项议程达成协议：

（一）为维持1997年后香港的稳定和繁荣做出安排；

（二）为香港由现在起到1997年做出安排；

（三）为有关政权交接事宜做出安排。至此，中英两国关于香港问题第一阶段的谈判宣告结束。

第二阶段的谈判从1983年7月开始，到1984年9月结束，历经14个月，22轮谈判。这一阶段前几轮的谈判，主要争议点在于英方坚持“主权与治权分离”，即在承认中国对香港的主权的原则下，1997年后，由英国大体上像过去那样管治香港；而中方则坚持主权和治权不可分割的立场，所谓“主权属中，治权属英”，实际上是否定了中国对香港的主权，是以一个新的不平等条约代替了旧的不平等条约，因此中国政府和中国人民是绝对不能接受的。中英双方都坚持自己的立场，谈判再次陷入僵局。

由于谈判无进展，香港前途不明朗，致使香港经济出现较大波动，港币汇率及股市大幅下滑。为了向中方施加压力，英方一方面打出“民意牌”，似乎“九七”后由英国人管治香港是香港的民意；另一方面，又打出“经济牌”，似乎香港的经济波动是中方要收回香港造成的。于是，面对动荡的局面，港英当局不仅不采取措施加以稳定，反而在伦敦等地抛出港币，进一步加剧港币币值的下滑，引起香港市场更大的波动和恐慌，形成了所谓的“九月风暴”。港英当局打出的“经济牌”，其实质就是不惜以牺牲香港及香港民众的利益为代价，试图证明如果离开了英国人的管治，香港经济就会崩溃。港英当局打出“经济牌”来向中方施压的行径，引起香港各界人士的强烈不满，纷纷要求港英当局采取措施稳定局势。看到自己种下的苦果最后可能得自己吃下，港英当局只能改变策略，采取干预措施平稳局面。10月15日，港英当局宣布港币实行与美元挂钩的联系汇率，确定港币与美元为7.8比1的汇率，同时取消港元的存款利息税。据此，“九月风暴”得以终结，英方的“经济牌”伎俩也以失败告终。

英方坚持“主权与治权分离”的立场，成为这一阶段的谈判停滞不前的主要症结。9月10日，邓小平会见英国前首相希思，明确指出：英国想用主权来换治权是行不通的。他说：

> 希望不要再在治权问题上纠缠，不要搞成中国单方面发表声明收回香港，而是要中英联合发表声明。在香港问题上，希望撒切尔夫人和她的政府采取明智的态度，不要把路走绝了。中国一九九七年收回香港的政策不会受任何干扰，不会有任何改变，否则我们就交不了账。从现在到一九九七年还有十四年，这十四年要过渡好，核心是一九九七年能顺利收回香港，不会引起动荡。比较顺当地交接对各方面都有好处。过渡期有个香港人参与管理的问题。参与管理，不当主角可以，但要开始知道哪些方面的管理。无论政治、经济、商业和金融方面等等，不知道怎么行，一下子拿过来怎么行！所以要逐步熟悉、参与，整个过程就完满了。希望本月二十二日开始的中英第四次会谈，英方不要再纠缠主权换治权问题，要扎扎实实地商量香港以后怎么办，过渡时期怎么办。这对彼此最有益处。[①]

① 《邓小平年谱（一九七五——一九九七）》（下），中央文献出版社2004年版，第932页。

邓小平的这段话不仅严肃地表明中方坚持“主权与治权不可分割”的立场，劝告英方不要再在治权问题上纠缠不休；而且提出为了实现“港人治港”的目标，在过渡期港人就必须参与管理。“主权与治权分离”的主张，实质上就是坚持“英人治港”。英国人从一己私利出发，而否定了中方“港人治港”的方针。究竟哪一方真正代表了大多数香港人的意愿与利益，任何真正爱港爱国的香港人是心知肚明的。因此，英方打出的“民意牌”也难以持久。

在“民意牌”“经济牌”都难以奏效的情况下，英方不得不放弃“主权与治权分离”的主张。10 月 14 日，撒切尔夫人给中国政府写信，表示双方可以在中方建议的基础上探讨香港的持久性安排。按照撒切尔夫人自己的话说：“我勉强决定将在行政权问题上作让步，10 月 19 日会谈因此重新展开。”

在此后的会谈中，中英双方在诸如过渡时期的安排、在香港驻军、中英联合联络小组的设立等问题上仍然多次发生激烈的较量。但最终在一系列基本问题上达成一致。9 月 18 日，双方就包括驻军、选举、协议文本草案在内的全部问题达成协议。9 月 26 日，中英两国代表团团长周南和伊文思在北京人民大会堂西大厅草签了关于香港问题的联合声明，协议的全部文件即一个主体文件、三个附件及双方准备交换的备忘录，于同日公布。《中英联合声明》宣布，中国政府决定在 1997 年 7 月 1 日对香港恢复行使主权，英国将在同日把香港交还给中国。中国政府还在《中英联合声明》中宣布了对香港的基本方针政策。中国决定在对香港恢复行使主权时设立直辖于中央人民政府的香港特别行政区，除外交和国防事务属于中央管理外，特别行政区享有高度自治权，包括行政管理权、立法权、独立的司法和终审权，现行法律基本不变；保持自由港、独立关税地区和国际金融中心的地位等。这些方针政策将由全国人大以香港特别行政区基本法规定，并在 50 年内不变。草签的文件还包括《中英联合声明》的三个附件。双方将在正式签署时交换的备忘录也签了字。附件一就中国政府对香港的基本方针政策作了具体说明。附件二就中英两国成立关于香港问题的联合联络小组事宜作了规定。附件三就中英两国将成立土地委员会处理香港土地契约问题作了规定。

关于香港实行资本主义制度“50 年不变”，也是邓小平第一次提出的。1983 年 6 月 25 日，邓小平在人民大会堂再次会见了出席六届全国人大一次会议和全国政协六届一次会议的香港地区的代表和委员。当时主管港澳事务的全国人大常委会副委员长廖承志刚刚去世。邓小平在会见时说，廖承志生前是管港澳工作的。他的逝世，大家都非常惋惜。但是，我们对香港的政策不会改变。我们的机构还在，要继续把港澳工作做好。这一点，大家可以放心。邓小平在会见时明确表明了中央关于香港回归后将长期保持资本主义制度不变的设想。据全国政协委员朱莲芬女士回忆，当时邓小平问大家：“九七”后香港实行资本主义还要继续多久？15 年？场内鸦雀无声。邓小平又问道：30 年？仍然没有什么反应。邓小平举起五只手指，提高嗓门问道：50 年？50 年不变可以了吗？话音甫落，全场响起了热烈的掌声。邓小平露出满意的笑容，再说一遍：一国两制，香港实行资本主义50年不变。这时，徐四民站起来问：50年不变从什么时候开始算？邓小平回答说：当然是从回归之日起计算，50年不变。

《中英联合声明》草签后，1984年10月3日，邓小平在会见港澳同胞国庆观礼团时说，我们有了一个共同的大前提，一个共同的目标，就是爱祖国，爱香港，在今后13年和13年以后保持香港的繁荣和稳定。我们的政策不会变，我们在协议中说50年不变，就是50年不变。如果有什么要变，一定是变得更好，更有利于香港的繁荣和发展。对于《中英联合声明》，我们不仅相信我们自己会遵守，也相信英国人会遵守，更相信香港同胞会遵守。但是应该想到，总会有些人不打算彻底执行。某种动乱的因素，捣乱的因素，不安定的因素，是会有的。如果发生动乱，中央政府就要加以干预。希望香港同胞团结一致，共同努力，维护香港的稳定和繁荣，为1997年政权移交做出贡献。[①]

1984年12月19日下午5时半，中英关于香港问题的《中英联合声明》在北京正式签字。同日，邓小平会见了撒切尔夫人。邓小平对撒切尔夫人说：

> 我们两国的领导人就香港问题达成协议，为各自的国家和人民做了一件非常有意义的事情。香港问题已经有近一个半世纪的历史，这个问题不解决，在我们两国和两国

① 参见《邓小平文选》第三卷，人民出版社1993年版，第72～76页。

人民之间总是存在着阴影。现在这个阴影消除了，我们两国之间的合作和两国人民之间的友好前景光明。……就香港问题而言，三方面都能接受的只能是“一国两制”，允许香港继续实行资本主义，保留自由港和金融中心的地位，除此以外没有其他办法。[①]

邓小平出席了签字仪式。在仪式结束后，邓小平对香港记者表示，如果1997年身体还行，一定会去香港看看。

尽管在谈判桌上是对手，尽管对最后所得到的并不满意，但撒切尔夫人仍然高度评价了邓小平的“一国两制”的战略构想，称其为“最有天才的创作”。她说：

“一国两制”的构想，即在一个国家中保留两种不同的政治、社会和经济制度，是没有先例的。它为香港的特殊历史环境提供了富有想象力的答案。这一构想树立了一个榜样，说明看来无法解决的问题如何才能解决以及应该如何解决。[②]

多年以后，撒切尔夫人在回忆录中写道：“邓的善意是目前对香港未来的最大保证，我称赞他所提出的‘一国两制’观念是‘天才的杰作’，而他谦称这只是‘就事论事’而已。很显然，‘一国两制’这个观念来自于1980年中国对处理台湾问

① 《邓小平文选》第三卷，人民出版社1993年版，第101～102页。
② 参见《人民日报》1984年12月20日。

题所提出的政策。”可见，撒切尔夫人对于“一国两制”观念的赞赏，并不是外交上的客套话，而是真实的。

1985年5月27日，《中英联合声明》换文生效，香港由此进入了12年的过渡时期。对于过渡时期关于香港问题的工作目标，邓小平在《中英联合声明》签定之前就给予了明确的说明。他指出：

> 在过渡时期中，一是不要出现大的波动、大的曲折，保持香港繁荣和稳定；二是要创造条件，使香港人能顺利地接管政府。①

要实现这两个目标，最重要的保证就是尽早制定一部法律。为此，邓小平将很大的精力放到了指导《香港特别行政区基本法》的制定上。1987年4月16日，邓小平在会见香港特别行政区基本法起草委员会委员时指出：

> 我们的“一国两制”能不能够真正成功，要体现在香港特别行政区基本法里面。这个基本法还要为澳门、台湾作出一个范例。所以，这个基本法很重要。世界历史上还没有这样一个法，这是一个新的事物。起草工作还有三年时间，要把它搞得非常妥当。②

---

① 《邓小平文选》第三卷，人民出版社1993年版，第61页。
② 《邓小平文选》第三卷，人民出版社1993年版，第215页。

在邓小平的指导下，香港特别行政区基本法的起草工作按照预定的计划顺利进展。到1990年春天，这部前所未有的关于“一国两制”的法典正式出台了。1990年3月20日至4月4日举行的七届全国人大三次会议正式通过了“基本法”。邓小平对于基本法起草委员会的工作和这部法典给予了高度的评价：

> 你们经过将近五年的辛勤劳动，写出了一部具有历史意义和国际意义的法律。说它具有历史意义，不只对过去、现在，而且包括将来；说国际意义，不只对第三世界，而且对全人类都具有长远意义。这是一个具有创造性的杰作。我对你们的劳动表示感谢！对文件的形成表示祝贺！①

1989年9月，邓小平向中央正式提出了辞去他所担任的中央军委主席职务的请求。随后召开的中共十三届五中全会接受了他的请求。在提出退休请求的时候，邓小平表示：“以后中央的工作我不过问，除非特别大的问题。让新的中央，特别是政治局和政治局常委会独立思考，独立工作。”② 但是，作为一个退休老人，邓小平仍然十分牵挂香港的回归。1990年1月，邓小平在人民大会堂会见香港知名人士李嘉诚先生，两个人有一段至今读来仍令人动容的对话：

---

① 《邓小平文选》第三卷，人民出版社1993年版，第352页。

② 《邓小平文选》第三卷，人民出版社1993年版，第317页。

李嘉诚：你身体还非常好。

邓小平：毕竟85了，好也好不到哪里去。

李嘉诚：希望你创造一个纪录。

邓小平：我自己是争取活到1997年。

李嘉诚：我敢买保险，你能超过这个。

邓小平：一年比一年困难了。

李嘉诚：希望你能够到香港来看看。

邓小平：我活到1997年，就是要在中国收回香港之后，到香港自己的土地上走一走，看一看。

李嘉诚：一定会的。[①]

但是，香港回归已经成为现实，而这位令中国人民肃然起敬的退休老人却未能实现自己到香港自己的土地上走一走，看一看的夙愿，成为人们永久的遗憾。

五、第三代领导集体的重担

◎江泽民说：不仅我要遵守基本法，我希望香港同胞和全国人民也要遵守

◎彭定康抛出“三违反”的政改方案

◎中国政府决定“以我为主”“另起炉灶”

① 大型文献纪录片《邓小平》解说词，中央文献出版社1997年版，第249～250页。

邓小平退休以后，实现香港平稳过渡、持续发展的历史重任落到了以江泽民为核心的第三代中央领导集体的身上。江泽民深感这副担子的沉重。1990 年 1 月 17 日，他在中南海会见香港知名人士李嘉诚时说："我到中央来工作后，香港问题一直在我脑子里占有一个重要地位。""'九七'后要有一个平稳的过渡，衔接好。"随着"九七"的临近，以江泽民为核心的第三代中央领导集体更加关注香港问题。

西方国家舆论界有这样一种看法，认为"九七"香港回归后，中国的中央政府会过多地干预香港特别行政区的事务。他们不相信中国政府所作出的关于香港特别行政区实行高度自治、中央政府不干预香港特别行政区自治范围内的事务的承诺。在祖国大陆，有一部分人在思想认识上对于香港的回归也存在着模糊的观念。例如，有些人认为，到了 1997 年的 6 月 30 日，中央政府就会像 1949 年"大军南下"那样去接管香港；有些人则认为，在 1997 年以前，香港在英国管制之下，想去去不了，1997 年香港回归了，总不会再受限制了，想去就可以去，如同到大陆的任何地方一样；还有些人认为，香港回归后，可以在香港自行设立办事、联络机构。在香港市民中，对于香港回归后，是否能够保持繁荣稳定，也心存疑虑。在这种情况下，用香港特别行政区基本法去对人民群众包括香港市民进行宣传教育，对于保证香港的平稳过渡，就具有了特别重要的意义。

1989 年 7 月 11 日，在北京政治风波刚刚平息之际，江泽民在中南海会见了香港特别行政区基本法起草委员会副主任委员、基本法咨询委员会主任安子介等香港知名人士。江泽民说，用“一国两制”的方针解决香港问题，不只是外交上的需要，而是从香港和整个国家的根本利益出发的。这样解决，对香港、对整个国家有利，对英国和其他国家也有利。在处理港澳和台湾问题上，我们采取“一国两制”的方针，我搞我的社会主义，你搞你的资本主义，“井水不犯河水”，我不会在港澳和台湾搞社会主义，你也不要把资本主义的一套搬到内地来。当时，一些西方国家正在对我国实施所谓的“制裁”措施，一些反华的政治力量以为中国政府关于收回香港的决策已经难以为继，于是，极力为香港的回归制造障碍，对于我国政府关于香港回归的政策，也制造了大量的谣言，一时间在香港产生了很大的震动和混乱。江泽民的这一番话，及时阐明了中央在经历了一场严重的政治风波之后的态度，回击了反华政治力量的进攻，对于稳定香港人心，起到了重要的作用。

1990 年 4 月 4 日，《香港特别行政区基本法》正式颁布。在颁布一周年的时候，江泽民在北京中南海会见英国外交大臣赫德。江泽民引用了我国晋代陶渊明《归去来兮辞》中的“悟已往之不谏，知来者之可追”，说：“这是说对两国关系要采取向前看的态度。”“中国有句成语‘同舟共济’，在香港问题上可以用这句话，从现在到九七年中英双方是在一条船上，要互相合作。”

此后，江泽民多次在重要场合发表谈话，深刻阐释中央关于香港回归的政策。特别是在进入 1997 年以后，江泽民和中央其他负责人越发关注香港问题。1997 年 5 月 6 日上午，中共中央在中南海怀仁堂举办"'一国两制'与香港基本法"法制讲座，中共中央总书记江泽民主持，由中国社会科学院法学研究所研究员吴建璠主讲，他重点讲了四个方面的问题：

第一，"一国两制"的伟大构想及其法律化；

第二，基本法是在香港实行"一国两制"的法律基础；

第三，实施香港基本法的若干问题；

第四，严格按照基本法办事，维护香港的长期繁荣稳定。政治局常委李瑞环、朱镕基、刘华清、胡锦涛以及中央有关部门的负责人听取了讲座。

江泽民作了重要讲话。他说：

> 再过56天，我国政府就要对香港恢复行使主权，香港就要回到祖国怀抱。这是中华民族的一件盛事，也是举世瞩目的一件大事。实现香港回归祖国，将使中华民族彻底洗雪这段百年耻辱，使我们完成祖国统一的大业迈出重要的一步。这将极大地增强我们民族的凝聚力，鼓舞全国人民奋发图强、建设现代化国家的热情。
>
> 保证香港的平稳过渡和香港回归后的长期繁荣稳定，关系到香港同胞的切身利益，关系到中华民族的根本利益，也关系到亚洲以至世界的和平与发展。我们一定要把这件事情办好。关键是要坚定不移地贯彻执行邓小平同志提出的"一国两制"的伟大构想，坚定不移地贯彻执行"港人治港"、"高度自治"的方针，坚定不移地贯彻执行香港特别行政区基本法。

……香港基本法是一部全国性的法律，不仅香港要严格遵守，各省、自治区、直辖市都要严格遵守。……依法治港，是我们实施依法治国的重要组成部分。维护香港基本法的权威，就是维护国家法制的权威。这是全国人民的共同责任。

5月8日，江泽民在会见联合国秘书长安南时指出，香港回归祖国是中国近代史上的大事，也是本世纪末国际上的大事。香港回归祖国后，中国将贯彻“一国两制”、“港人治港”、“高度自治”的政策。香港将继续作为中国通向世界的桥梁，长期保持繁荣和稳定，这符合中国的根本利益，也是对世界的贡献。

5月9日，江泽民接受美国有线新闻电视网记者的采访，在谈到香港问题时，江泽民指出，有些人对香港回归后有点担心，但事实将会证明，这种担心是没有必要的。我们已经颁布了《香港特别行政区基本法》，香港回归后，香港居民享有的各种权利和自由将会依法得到保障。……作为中共中央总书记、国家主席和中央军委主席，我也要遵守香港特区基本法。不仅我要遵守基本法，我希望香港同胞和全国12亿人民也要遵守。

5月30日，江泽民在会见苏丹第一副总统时又一次表示，我们将严格按香港基本法，实行“港人治港”“高度自治”，香港长期稳定和繁荣一定会得到保证。

在上述讲话中，江泽民把能否严格遵守基本法提到维护国家法制权威的高度，可见他对于这件事的重视程度。同时，江泽民多次谈及这个问题、并提到这样的高度，也可以看出他的担心：我们的干部是否真正理解了基本法的精神，是否能够真正自觉地维护基本法的权威？按照江泽民总书记的指示和党中央的号召，用基本法教育我们的干部和群众，就成为迎接香港回归活动的一项重要内容。例如：

4 月 3 日，首都各界人士在人民大会堂举行座谈会，纪念香港基本法颁布七周年。全国人大常委会副委员长雷洁琼主持座谈会，全国人大常委会副委员长王汉斌、国务院新闻办公室主任曾建徽、新华社香港分社社长周南、国务院港澳事务办公室副主任陈滋英、香港基本法起草委员会委员吴建璠等出席了座谈会，并在会上先后发言。与会者认为，这次座谈会的举行对于宣传基本法，实施基本法，对于香港的平稳过渡和稳定繁荣都具有重要意义。

6 月 18 日，中共中央和国务院有关部门的负责人和首都理论界的专家学者 50 多人，在人民大会堂香港厅举行“邓小平‘和平统一、一国两制’理论与实践座谈会”，丁关根、钱其琛出席座谈会并发表讲话。钱其琛在讲话中指出：江泽民主席不久前曾讲过，香港回归后要纳入法制化的管理，成为我们国家依法治国的一个重要组成部分。这就是说，在香港问题上坚持“一国两制”方针政策，根本的一点是要依法办事。现在我们已有国家宪法和香港基本法来保证“一国两制”政策的实施，也为“一国两制”方针政策长期不变提供了法律上的保障。各省、市、自治区和各部门、各单位也举行了各种形式的宣传香港基本法的活动，如关于基本法知识的报告、竞赛等。这种全民性的关于香港基本法的宣传、教育活动，实际上也是一次依法治国的教育活动。基本法在人民群众中的普及和深入，为香港的平稳过渡和持续繁荣，提供了根本的政治保证。

但是，在后过渡时期，对于香港平稳过渡的主要障碍不是来自我们内部，而是来自少数敌视中国的国际政治力量。这股力量的主要代表，就是末任港督彭定康。

1992 年 7 月 9 日下午，彭定康乘飞机抵达香港启德机场，开始了他的为期近 5 年的末任港督生涯。3 个月后，即 10 月 7 日，这位末任港督在香港立法局议会上，发表了一份引起轩然大波的施政报告，并于 1993 年 3 月 12 日公布。在这份题为《香港的未来：五年大计展新猷》的施政报告中，彭定康提出了一套英国管治整个香港地区近一个世纪以来从未有过的“三违反”的政治体制改革方案，即他提出的这个政改方案，违反了《中英联合声明》关于在香港过渡时期的后半段中英双方有必要进行更密切的合作，审议为 1997 年顺利过渡所要采取的措施的规定；违反了香港的政治体制和民主发展要与香港基本法相衔接的原则；违反了在基本法定稿前夕中英两国就 1997 年前后香港政制衔接，特别是 1995 年立法局选举办法所达成的协议和谅解。例如，关于香港特别行政区第一届立法会（在直通车方案下也就是港英最后一届立法局）选举的安排，对于功能选举部分，基本法明文规定是功能团体，彭定康的政改方案却改变为“有关界别中的所有工作人口”，这一改动，实际上就把本来属于间接选举的“功能选举”变成了直接选举；关于选举委员会，基本法附件一明确规定由四部分人组成，即工商、金融界200人，专业界200人，劳工、社会服务、宗教等界200人，立法会议员、区域性组织代表、香港地区全国人大代表、香港地区全国政协委员的代表200人。英外长在致我国外长的函件中也曾确认，1995年最后一届立法局的选举委员会，将按基本法附件一的规定由四部分及其比例组成。但是，彭定康的政改方案却改成全部由直选产生的区议员组成，这样一来，又把间接的"选举委员会选举"变成了实际上的直接选举。

对于在过渡时期保持香港政制相对稳定的必要性，邓小平很早就作过说明。1987年4月16日，邓小平在会见香港特别行政区基本法起草委员会委员时指出：

香港的制度也不能完全西化，不能照搬西方的一套。香港现在就不是实行英国的制度、美国的制度，这样也过了一个半世纪了。现在如果完全照搬，比如搞三权分立，搞英美的议会制度，并以此来判断是否民主，恐怕不适宜。对这个问题，请大家坐到一块深思熟虑地想一下。……对香港来说，普选就一定有利？我不相信。比如说，我过去也谈过，将来香港当然是香港人来管理事务，这些人用普遍投票的方式来选举行吗？我们说，这些管理香港事务的人应该是爱祖国、爱香港的香港人，普选就一定能选出这样的人来吗？最近香港总督卫奕信讲过，要循序渐进，我看这个看法比较实际。即使搞普选，也要有一个逐步的过渡，要一步一步来。[1]

但彭定康既不与中方磋商，又无视香港社会的各种不同意见，独断专行地抛出了这一套政改方案。彭定康冠冕堂皇地打着“民主”的旗号，而实质上则企图把历史上形成的行之有效的“行政主导”改变为“立法为中心”，将原有的三级民意咨询机构变为三级民主代表机构，增加立法局在政府决策中的权力与制衡作用，使香港回归以后的特区政府、特区首长受制于立法机构，从而实现英国人坐镇伦敦、遥控香港的政治目的。

对于这样一个“三违反”的政改方案，中国政府是断难接受的。在这一方案发表的第二天，中国外交部发言人和国务院港澳办公室发言人就分别发表谈话，批驳了彭定康的政改方案，阐明了中国政府的严正立场。港澳办公室发言人指出：

在香港发展民主是我们的一贯主张。民主的发展应循序渐进。目前香港的政制不应该大变，而且必须与基本法衔接，这是保证香港顺利过渡的基本前提。否则，将引起混乱。然而，彭定康先生所提出的一系列决定，对现有的政治体制作了重大变动。关于1995年立法局选举的所谓“建议”，事先既没有同中方磋商，更无视香港社会的各种不同意见，因而更无从谈起同由特区筹委会所要决定的第一届立法会产生办法相衔接。至于改变区议会职能和取消

① 《邓小平文选》第三卷，人民出版社1993年版，第220页。

区议会、两个市政局的委任制度也是不合时宜的。现在英方无视中方的合理要求，未经与中方磋商，即单方面公布其所谓“建议”，是蓄意挑起一场公开争论。

此后，应国务院港澳办公室主任鲁平的邀请，彭定康于10月20日至23日来北京访问。10月22日下午，国务委员兼外交部长钱其琛在会见彭定康一行时尖锐指出：

> 中英1984年签署关于香港问题的“联合声明”以后，双方的合作曾是良好的。但港英当局不久前发表的施政报告中提出将对香港的政治体制进行重大改变，这明显违背了《中英联合声明》的有关规定和精神，违背了英方关于要使香港政治发展同基本法衔接的承诺，违背了中英双方已达成的有关谅解。这种做法损害香港的繁荣与稳定，并为香港1997年的平稳过渡和政权的顺利交接设置障碍。……我们希望合作，不希望对抗，港英当局的做法实际上是对合作的挑战。要解决问题还是应该回到根据《中英联合声明》的规定进行认真磋商的轨道上来。

彭定康不惜以港人利益作为政治赌注的行径，引起了许多香港同胞的不满和愤慨。10月24日上午，彭定康在立法局报告他的北京之行。许多议员追问中英双方曾否就1995年立法局选举达成了协议，指出这是一个要害问题。民主建港联盟副主席谭耀宗提出，希望港督解释：是否因为英国背信弃诺致使中国作出强烈的反映？彭定康无言以对，只讲了一个“No”字。一些在立法局有议席的政治团体，要求中英双方公开关于香港政制问题所达成协议的文件，以澄清哪一方在说谎。

10月29日，《人民日报》公布了中英双方就政制衔接问题进行磋商的7份文件，其中明确表明了英方所做出的承诺。例如，1990年，中国外交部港澳办主任陈滋英曾应约紧急会见英国驻华大使唐纳德，唐纳德请陈滋英将他刚收到的来自伦敦的紧急信息报告钱其琛外长，并将所附三份书面材料转交中方基本法专家。材料中写道：“英国政府认为：确保1997年顺利移交的一个最理想的方法是规定1995年所有当选的立法局议员都应能继续工作到1999年。为此，如果我们两国政府能就为此选举所作的令人满意的安排达成谅解，我们将原则上愿意同中国政府合作并将选举委员会的选举方式介绍给1995年的立法机构。”英方所讲的实际上就是所谓的“直通车”方案。这一段话再清楚不过地表明了，这个方案有一个前提：这一方案要成为现实，英方就必须信守自己关于“选举委员会”的承诺。

这些材料一经公布，香港舆论一片哗然。一些社会知名人士指出：公布的文件清楚地证明中英之间确实就有关问题达成谅解、共识，并作出承诺，这实际上就是中英之间达成的有约束力的协议。彭定康所搞的政改方案，明显是违背中英之间的协议的，是背信弃义的表现。港英当局背信弃义的行径也引起了江泽民的关注。1993年1月8日，江泽民在会见以霍英东为团长的香港中华总商会代表团时说：“我们是讲信用，重承诺，昭大信于天下的。我们希望港英政府回到‘联合声明’和《基本法》的立场上。”3月7日，江泽民在中共十四届二中全会上的讲话中指出：

> 最近，港英当局背信弃义，在香港搞所谓“政制改革”方案，给香港的繁荣稳定和政权的顺利交接罩下了阴影。我们主张合作，但在原则问题上决不让步。我们将一如既往，坚定不移地按照“一国两制”的方针解决香港、澳门问题。①

江泽民的这一番话表明了中国政府的严正立场：在原则问题上决不会作任何妥协！这段话的意思与邓小平关于在主权问题上没有回旋余地的提法是一致的。显然，香港目前政治体制的任何变动，都涉及到1997年回归以后的政制架构，这当然属于主权问题了。因此，结果只能是两个：其一，英国改弦更张，回到与中方合作的轨道上来；其二，如果英方一意孤行的话，中方将单独按照自己的原则和办法去处理香港回归的若干问题，用以后通俗的说法，就是“另起炉灶”。没有第三条道路。但是，英方或者没有读懂这些话的含义，或者低估了中方警告的严重性和现实性，他们在与中方对抗的道路上越走越远。

几天以后，国务院总理李鹏在八届全国人大一次会议上的

① 《十四大以来重要文献选编》（上），人民出版社1996年版，第134页。

《政府工作报告》中以更为严厉的措辞指责了港英当局背信弃义的行为。他说：

去年十月香港总督在英国政府支持下，不守信用，单方面提出对香港现行政治体制进行重大改变的方案。这种做法，违背《中英联合声明》的精神，违背英方关于使香港政制发展同《中华人民共和国香港特别行政区基本法》衔接的承诺，违背中英双方已经达成的有关谅解。香港基本法是充分发扬民主的产物。港英当局违背基本法的做法，其实质是为香港政权的顺利交接与平稳过渡制造混乱和障碍，而不是要不要民主的问题。我们一贯主张并积极致力于保持香港的长期繁荣和稳定。我们希望合作，不愿意对抗，但中国政府绝不会拿原则作交易。现在，英方又为合作制造了人为的障碍，由此引起的严重后果，只能由英国政府负完全责任。

李鹏的这一番话，引起了经久不息的掌声。在《政府工作报告》中以如此严厉的措辞指责另一个国家，在我国实行对外开放以后还是不多见的。如果考虑到 3 天前，也就是 3 月 12 日，彭定康不顾中方的强烈反对，擅自单方面公布了他的政改方案这一背景，对于上述严厉措辞和经久不息的掌声也就不难理解了。彭定康确实引起了公愤。3 月 17 日下午，国务院港澳办公室主任鲁平召开特别记者招待会，公开表示了中方对于彭定康单方面公布“政改方案”的愤慨。鲁平说：

3月12日下午2时45分，我们接到了英国大使馆的电话，说港府已决定当天下午3点在立法局发表声明，公布彭定康政改方案。事实的真相就是这么一回事，所以我们为什么说我们感到惊讶，为什么说彭定康先生从一开始就没有谈判的诚意。他这样做，实际上蓄意破坏了谈判，对香港采取极不负责任的态度，根本不考虑香港的利益，因此我说，彭定康先生在历史上要成为香港的千古罪人。

国际上一些明智的政治家也认为彭定康的政改方案行不通。1992年12月14日，新加坡资政李光耀来到香港。他对香港《经济日报》的记者说：

当我首次阅读他（彭定康）的建议（施政报告），我说，这是他兴奋地转换了角色。他好像一个民族领袖，去领导人民迈向独立。那时，我感到非常奇怪，他带引香港去跟谁战斗：中国或英国！（大笑）……这不是最后一任港督的角色，该本是反对派李柱铭而非港督。

在中方的一再努力和要求下，中英双方从1993年4月开始，就1994～1995年立法局选举安排问题进行了7个月17轮谈判。但是，英方毫无诚意，在对抗的道路上一意孤行，最后竟然单方面停止了谈判。随后，英方在没有与中方达成任何协议的情况下，单方面按照彭定康的“政改方案”进行了1994～1995年三级政制架构的选举。这样一来，“直通车”的路轨，就被英方给拆毁了。1994 年 8 月 31 日，八届全国人大常委会第九次会议正式通过决议：英国人殖民统治下的香港最后一届区议会、市政局和立法局，只能维持到 1997 年 6 月 30 日。1997 年 7 月 1 日以后，香港特别行政区的三级政制架构将按照“基本法”和全国人大的有关规定另行组建。这就是所谓的“另起炉灶”。

此后，“以我为主、团结港人、依靠港人”、“另起炉灶”的工作加快进行：

1996 年 1 月 26 日，香港特别行政区筹备委员会在北京成立。也许是一个历史的巧合：155 年前的这一天，英国侵略军在香港岛正式举行了占领仪式，英国的国旗第一次在中国的土地上升起。日本《读卖新闻》的记者写道：“中国把筹委会成立日定为 1 月 26 日，正是 1841 年英国军队占领香港岛的日子，意味深长。”香港特别行政区筹备委员会是全国人民代表大会设立的机构，根据《全国人民代表大会常务委员会关于香港特别行政区第一届政府和立法会产生办法的决定》，香港特别行政区筹备委员会负责筹备成立香港特别行政区的有关事宜，规定香港特别行政区第一届政府和立法会的具体产生办法。江泽民到会并讲话：“筹建香港特别行政区是全国的一件大事，是实现祖国统一大业征途中的第一站，后面还有澳门问题、台湾问题。在香港问题上为‘一国两制’率先垂范，将使祖国统一大业展现非常美好的广阔的前景。小平同志指出，必须由以爱国者为主体的港人来治理香港。他对‘爱国者’有过清晰而精辟的概括。他说，爱国者的标准就是‘尊重自己的民族，诚心诚意拥护祖国恢复行使对香港的主权，不损害香港的繁荣和稳定。’可见，‘爱国爱港’的范畴是十分广泛的。”1月26日、27日，香港特别行政区筹备委员会第一次全体会议讨论并通过了筹备委员会的工作规则。

1月28日，中华人民共和国国务院、中华人民共和国中央军事委员会发布公告，中国人民解放军驻香港特别行政区部队组建完成。驻香港部队由中国人民解放军陆军、海军和空军部队组成，隶属中华人民共和国中央军事委员会领导。这支部队将于1997年7月1日零时正式进驻香港。中央人民政府派驻香港特别行政区负责防备的军队不干预香港特别行政区地方事务。香港特别行政区政府在必要时，可向中央人民政府请求驻军协助维持社会治安和救灾。驻军人员除须遵守全国性的法律外，还须遵守香港特别行政区的法律。驻军费用由中央人民政府负担。

8月9日至10日，香港特别行政区筹委会第四次全会在北京举行。会议审议通过《中华人民共和国香港特别行政区第一届政府推选委员会具体产生办法》，关于实施《中华人民共和国香港特别行政区基本法》第24条第二款的意见，关于香港特别行政区区旗、区徽使用暂行办法的建议等文件。推选委员会的具体产生办法获得通过，标志着以组建推委会为龙头的香港特别行政区的全面组建工作已拉开序幕。

10月4日至5日，香港特别行政区筹委会第五次全体会议在北京举行。会议通过了《中华人民共和国香港特别行政区第一任行政长官人选的产生办法》和《中华人民共和国香港特别行政区临时立法会的产生办法》等文件。这些办法坚持民主、公平、开放的原则，依照基本法规定候选人的资格，选举方式简便，受到香港社会各阶层人士的普遍欢迎。从11月8日特区立法会议员的提名工作开始，到12月9日结束，共有200多人领取了报名表，134人完成了报名手续，130人经筹委会主任委员会议通过成为候选人。12月21日，香港特别行政区第一届政府推选委员会在深圳举行第四次全体会议，选举产生了香港特别行政区临时立法会的60名议员。

11月1日至2日，香港特别行政区筹委会第六次全体会议在北京举行，通过了《中华人民共和国香港特别行政区第一届政府推选委员会委员守则》，推选产生了400名香港特别行政区推选委员。此后，特区筹委会主任委员会议根据31位参选人士提供的报名材料逐一进行资格审查，最后确认了8位报名者符合有关规定，他们成为香港特别行政区第一任行政长官的参选人。11月15日，香港特别行政区第一届政府推选委员会以无记名、个人提名的方式，从8位参选人中推选出董建华、杨铁梁、吴光正为第一任行政长官候选人。12月11日，香港特区第一届政府推选委员会第三次全体会议在香港举行，董建华以320票当选为香港特别行政区第一任行政长官人选。12日，香港特别行政区筹委会在深圳举行第七次全体会议，通过了关于报请国务院任命特区第一任行政长官的报告。16日，国务院召开第十一次全体会议，对香港特别行政区筹委会报请国务院任命特区第一任行政长官作出了决定。会后李鹏签署国务院第207号令，任命董建华为香港特区第一任行政长官，于

1997年7月1日就职。12月18日，在北京钓鱼台国宾馆，李鹏向董建华颁发国务院令时说："向你表示热烈的祝贺，这确实是历史的一刻!"董建华表示："要让香港在我中国人的管理下，更加繁荣灿烂。"

1997年1月25日，临时立法会在深圳举行第一次会议，选举范徐丽泰为临时立法会主席。范徐丽泰1945年9月生于上海，曾任港英行政局、立法局两局的议员。1992年10月，她辞去了两局议员。以后，她成为香港特别行政区筹委会委员、第一届政府推选委员会委员。对于临时立法会的成立，彭定康极为不满。他于当天发表声明说："今天对于香港来说是一个坏日子，这个在边界另一面的深圳开会的机构在香港没有合法地位，没有可信性及没有法定权力，我希望它不会令香港太尴尬。"① 当然，没有人会理睬他的这一番话。

在香港过渡时期的后半段，在以江泽民为核心的党中央的领导下，中国政府和人民克服了英方制造的种种障碍、纷扰和麻烦，坚持"以我为主、团结港人、依靠港人"、"另起炉灶"，在香港回归进程中取得了重大成就，为香港的平稳过渡、持续繁荣打下了坚实的基础。而彭定康等反华政客，在他们的政治赌博中却一无所获。他坚持与中国政府"对抗"的行径和态度，引起越来越多的香港知名人士的反感。1996年10月2日，彭定康在立法局发表他任内的最后一份施政报告。香港立法局在对施政报告进行辩论后，按惯例要通过一个向港督"致谢"

① 《香港回归千日风云》下册，香港新天出版社1997版，第391页。

的动议。但是，彭定康的最后一份施政报告在经过辩论后，立法局却通过了一项“不予致谢”的动议。这在港督发表施政报告的历史上还是第一次。

六、中华民族的盛大节日

◎一位香港记者写下：“大英王气黯然收”

◎江泽民：香港的发展从此进入一个崭新的时代

◎董建华：“一国两制”的事业，完全掌握在我们中国人自己手里

1997年6月30日下午4时半，彭定康与以往的历任港督一样，举行告别港督府的仪式。天正下着小雨。随着“日落余音”的号声，港督府楼顶的港督旗徐徐降落。与以往不同的是，这是港督旗最后一次降落，它不会再升起了。

下午6时15分，英方告别仪式在添马舰驻港英军总部东面操场上举行。英国王储查尔斯、首相布莱尔、前首相撒切尔夫人以及行将卸任的港督彭定康出席了告别仪式。当查尔斯王子走进会场时，停泊在维多利亚海港的皇家海军快速舰鸣放21响礼炮。英军仪仗队、军乐队及驻港英军等表演了音乐、舞蹈、独唱、合唱、军方操演等节目。港督彭定康发表了演讲。彭定康说：

对全香港来说，今天是值得庆贺而不是叫人伤感的日

子。然而某些人也许多少有点感触。任何惜别的场合，都难免引起离愁别绪。容我稍后再细说。

历史不单是一连串的年月日。历史不仅是我们记忆所及的日子，还有那些日子前后发生的事情。要说香港的成功故事，得从今夜之前的年月说起，也必定会说到光辉美好的未来岁月。香港的故事，当然并不限于英国管治下的一段历史，尽管今夜正标志着这段150年历史的终结。这段历史，是由上一世纪的一些事件揭开序幕。对于那些往事，在100多年后的今天来看，当然没有人会试图为之解说。可是，我们该注意到，今天香港大多数人之所以在这里生活，是由于本世纪发生了一些事件，而对于这些事件，相信今天也没有多少人会加以辩护。这一切都提醒我们，有些时候，我们应该认清过去，这样便能够抛开过去，走向未来。

今天我们要庆祝的，是本港市民凭着冲天的干劲和无比的毅力，辛勤创业，为本港历史写下了光辉的一页。他们当中，绝大部分是中国人，最初来到这里时，一无所有，只是一群平凡的人，但是他们努力不懈，终能克服种种困难，取得了非凡的成就。

英国在香港的管治即将终结。我相信我们可以总结说，英国对香港的贡献，是在这里建立了一个完善的架构，使香港人能够力争上游，创造美好天地。这个架构包括法治精神、廉洁开明的政府、自由社会的价值观、已具雏型的代议政制和民主社会制度。香港是一个华人社会，一个典型的华人社会，而又带有英国特色。从来没有一个属地，在脱离殖民管治时，能够像香港这般繁荣昌盛，这般具备文明社会应有的结构和特质，既有各行各业的专才、不同的宗教、众多的报章杂志、蓬勃的慈善事业，还有正直忠诚、矢志不渝地为市民和社会谋福祉的公务员。

我深信，只要香港人坚守他们一向珍视的价值观，香港的前途必定越来越光明。香港的价值观正面积极，放诸四海而皆准。这些价值观也是亚洲以至其他地区未来的价值观。在明日的世界里，一个欢欣快乐、民生富足、充满信心和安定繁荣的社会，必定像今日的香港一样，是一个能够恰当地把政治自由和经济自由加以融合的社会。今天晚上，我们以及远在他方观看这个盛典的英国国民，都向香港特别行政区行政长官和他领导的优秀班子，致以深挚祝福，祝愿他们顺利展开新工作。董建华先生和他的夫人，必定会全心全力、竭诚为香港服务。全港市民以及海外人士，都衷心希望他们面对未来的挑战时，能够有卓越的表现和成就。

我刚才提到，对一些人来说，今晚的庆典难免夹杂了丝丝愁绪。

临别依依，我和我的家人，以及其他即将告别香江的人，心中都带着离别的伤感。我是第28任总督，也是最后一任总督。跟历任总督和他们的家人一样，内子、女儿和我，定会把香港的一点一滴铭记心中。大家待我们一向是那样亲切、友善，这份温情暖意，我们难以忘怀。过去五年，能够与你们共同生活在这片美好的家园，并且能够为你们的将来尽一点力，实在是我毕生莫大的荣幸。如今，香港会由香港人管治，那是你们得到的承诺，也是一个不容改变的进程。

彭定康的这段演说词，其中不乏耐人寻味的地方。显然，在这段不长的演说词中，彭定康仍然以他独特的方式发泄对中国政府的不满。他所说的“本世纪发生了一些事件”，实际上就是暗指中国的历次政治运动。在告别仪式几天前，他曾接受香港《信报》记者的采访。当记者问他对“鸦片战争”有何看法时，他回答：

没有任何人在20世纪可以为鸦片贸易辩护。我从来没有这个梦想。这也不单是英国的问题，其中涉及很多帝国，有些中国官员也牵涉其中，我甚至不曾尝试去为这事件辩护，这是不可辩护的。

但另一方面，还有一些发生在更近期的历史事件，导致香港人口大量增长，这些事件也不会有很多人维护，有人会为“大跃进”辩护吗？有人会为“文化大革命”辩护吗？当时在上海充公财产的事情又如何？

如果仅仅从研究历史、总结历史教训的角度来看，把“鸦片战争”与“大跃进”“文化大革命”这些性质完全不同、与香港的关系也完全不同的事件硬扯在一起，是够荒唐的了，说明彭定康是一个蹩脚的“历史学家”；但是，如果从政治家的角度看，彭定康的这段话显然包含着一个政治企图：他用这些诸如“没收财产”“大跃进”“文化大革命”等历史事件，来提醒香港的市民，使他们对中央政府保持戒备和距离。

在告别仪式上，查尔斯王子代表英国女王宣读一份“赠言”。全文如下：

还有5个小时，英国国旗就要降下，中国国旗将飘扬于香港上空。150多年的英国管治将会告终。

在此期间，香港从一个沿海小埠，发展成世上一个最主要的城市和最庞大的贸易经济体系。期间曾作牺牲，曾经苦痛，也曾彰显勇气。香港从战火余烬中奋起之时，曾经历了一场动人心魄的大转变。此地收容了数以百万困顿无依的难民，创造了地球上最成功的社会之一。

对于曾有缘参与谱写此一成功故事，我们既感自豪，又感荣幸。自豪者，在于英国的价值观与各种制度为香港的成功提供了架构；也在于香港人所享有的各种权利与自由。荣幸者，在于曾与港人密切共处。他们才智横溢、机敏多谋，能够以上述架构为基，而成就更上层楼。英国国旗将会降下，英国管治的责任也行将告终。但英国却并非与香港诀别。香港人当中，超过350万是英国国民。每年，有数以千计的香港青年到英国求学。英语是我们的共同语言，普通法是我们的共通法制。同时，也有数以千计的英国人以香港为家。不论在亲友家庭、商贸投资，还是文化历史方面，两地间都有深厚渊源。

英国与香港，都是彼此历史的一部分，也是彼此未来的一部分。我们有信心，两地之间的联系不独经久不衰，更会持续发展。在这距离日小的世界里，香港是欧洲通往亚洲的大门，英国则是亚洲通往欧洲的大门，两地各自扮演的角色，将使彼此间的联系更加巩固。基于以上种种，我国政府和本人都将继续以最关切的目光注意香港，以及她的发展情况。几个小时后，我们全球最大的领事馆将在此正式成立。中英联合联络小组将继续工作两年半，商讨有关实施“联合声明”的各项事宜。“联合声明”本身，也将继续有效，为期 50 年。在未来的悠长岁月里，我们都会重视和留意与香港的联系。

现在，香港正以繁荣、安定、充满活力的优秀面貌，面对主权移交中国。此刻虽然史无前例，我们对港人的能力与韧力却有无比信心。许久以前，英国已经明白，唯有香港人最清楚什么对香港最有好处。港人必定能够一如“联合声明”承诺那样管治香港，我们对此毫无疑问，同时也深信，恪守“联合声明”，就是香港继续成功的关键。今天，全球目光都汇聚于香港，我谨恭祝各位过渡顺利，今后继续平安繁荣。

随后，举行了英国国旗降旗仪式。在“日落余音”号声中，英国王储查尔斯和主席台上的全体来宾默默地注视着英国米字旗和有米字旗图案的香港旗缓缓降落。全场灯光熄灭，只有两束灯光射在英国国旗和香港旗上。此时，天正下着大雨，整个会场更增添了冷清落寞的气氛。遥想当年大英帝国趾高气扬侵占香港的历史，令人感慨万端。一位香港的资深记者写下了一句“大英王气黯然收”，这是套用中国唐朝著名诗人刘禹锡的一句诗：“王浚楼船下益州，金陵王气黯然收。”写的是三国时代晋灭东吴的情景。这位记者套用此句作为此情此景的写照，倒是很贴切的。

告别仪式后，查尔斯王子在香港会议展览中心新翼展厅举行告别晚宴。出席晚宴的有：中国副总理兼外交部长钱其琛、香港特别行政区行政长官董建华、英国首相布莱尔夫妇、英国外交大臣库克、末任港督彭定康夫妇、美国国务卿奥尔布赖特、联合国秘书长安南等。

1997 年 6 月 30 日午夜，全世界都在注视着香港。23 时 42 分，中英两国政府香港政权交接仪式在香港会议展览中心新翼五楼大会堂正式开始。出席交接仪式的中方主礼宾有中国国家主席江泽民、国务院总理李鹏、副总理兼外交部长钱其琛、中央军委副主席张万年、香港特别行政区首任行政长官董建华；英方主礼宾有英国王储查尔斯、首相布莱尔、外交大臣库克、离任港督彭定康、国防参谋长查尔斯·格思里。出席交接仪式的有 40 多个国家和地区的代表，30 个国际和地区组织的负责人以及国际知名政界人士，90 多个国家驻香港领事机构的代表和一些国家的民间组织、地区与国际组织驻港办事处的代表。香港各界人士，澳门、台湾同胞，以及来自 30 多个国家和地区的华侨、华人也出席了交接仪式。来自世界各国 700 多家新闻媒体的8000多名记者采访报道了这历史性的一幕。

在中英仪仗队入场后，双方礼号手吹响礼号。23时46分，中英双方主礼宾登上主席台主礼台。在仪仗队行举枪礼后，查尔斯王子首先发表演说：

今夜这个重要、独特的仪式，将在一刻之间，凝聚了香港历史的改变与延续。

首先，仪式标志着香港在英国管治150多年后，根据1984年签署的“联合声明”而交还给中华人民共和国。

同时，本仪式也庆贺延续，因为根据同一条约和其后为实施其条文而签订的许多协议，香港特别行政区将继续拥有自己的政府，保留自己的社会与经济体系和自己的生活方式。

今夜，我要向当年把“一国两制”的构思体现于“联合声明”之中的诸位致敬，同时，对过去13年间付出极大努力，献出了忠诚与决心，为实施“联合声明”而商讨细节的诸位，我也要向他们致敬。

但我更要为香港人在过去一个多世纪里亲手创造的一切而向他们致敬。此地的辉煌成就，必须延续下去，也应该延续下去。

香港已向世人证实，一个成功的社会，是可以集拼劲与稳定于一身的。凭着拼劲，靠着稳定，此地建立了一个举世艳羡的庞大经济体系。同时，香港又向世人证实，东方与西方，是可以和谐共处的。这个发达的商业和文化交汇点，使四海犹如一家，丰富了每一个人的生命。

13年前，联合王国和中华人民共和国政府都已在“联合声明”中一同肯定，为香港的成功开创重要条件的这些独特元素，都应该继续维持。双方都同意，为了保持成功，香港必须拥有本身的贸易和金融体系，享受自主和一个由选举产生的立法机关，和维持本身的法律和各种自由。同时，管治香港的应是港人自己，并向港人负责。

过去20年间，香港都因这些独特的元素而获益。期间，香港应付了各种经济、社会和政治转折带来的挑战，而这种巨变在世界其他地方所通常造成的纷乱，在香港却几乎从未出现。

联合王国曾为港人负上责任，为香港提供框架，使港人得以把握个中机会，创出光彩夺目的成就，而在他们的这些成就之中，也有我们的一份参与。凡此种种，都使我们既感自豪，也感荣幸。

片刻之后，联合王国的责任，将转交中华人民共和国。香港从此将重新成为中国的一部分，而在“一国两制”的框架内，香港将继续保持其鲜明个性，继续是世界多国的重要伙伴。

女士们，先生们，今夜，中国将为这个地方和这里的人民负起责任，而对我们所有人来说，两者都弥足珍贵。1984年的“联合声明”已向世人庄严承诺，保证香港的生活方式得以延续。联合王国将仍然坚定不移地支持“联合声明”。我有信心，我们对香港的承担、我们与香港的密切关系，都不但会继续下去，而且还会随着香港和港人持续兴旺发达而更形深厚。

各位尊敬的嘉宾，女士们，先生们，我谨代表女皇陛下与全英国人民，向全体香港市民表达我们的感谢、敬佩、情谊和友好的祝愿。多少世代以来，你们都是我们的良朋挚友。我们不会忘记大家，同时，我们还将以最亲切的目光，投向你们不凡的历史上即将开启的新纪元。

23 时 56 分，中英双方护旗手入场，开始进行象征中英香港政权交接的降旗、升旗仪式。为了保证英国国旗在零时准时降落，中国国旗在零时准时升起，护旗队曾反复进行彩排。23 时 59 分，英国国旗和香港旗在英国国歌的乐曲声中缓缓降落。英国对香港一个半世纪的殖民统治正式宣告结束。

7 月 1 日零时整，军乐队奏起中华人民共和国国歌，中国国旗和香港特别行政区区旗在国歌声中徐徐升起。香港由此进入了一个崭新的时代。零时 3 分，江泽民主席走上讲台，庄严地向全世界宣告中华人民共和国香港特别行政区的正式成立。江泽民在演说中说：

中华人民共和国国旗和中华人民共和国香港特别行政区区旗，已在香港庄严升起。此时此刻，世界各国人民都把目光投向香港。根据中英关于香港问题的“联合声明”，两国政府如期举行了香港交接仪式，宣告中国对香港恢复行使主权。中华人民共和国香港特别行政区正式成立。这是中华民族的盛事，也是世界和平与正义事业的胜利。

1997 年 7 月 1 日这一天，将作为值得人们永远纪念的日子载入史册。经历了百年沧桑的香港回归祖国，标志着香港同胞从此成为祖国这块土地上的真正主人，香港的发展从此进入一个崭新的时代。

历史将会记住提出“一国两制”创造性构想的邓小平先生。我们正是按照“一国两制”伟大构想指明的方向，通过外交谈判成功地解决了香港问题，终于实现了香港回归祖国。值此庄严的时刻，我向中英两国所有为解决香港问题作出贡献的人士，向世界上所有关心和支持香港回归的人们，表示感谢！

值此庄严的时刻，我向回到祖国怀抱的 600 多万香港同胞，表示亲切问候和良好祝愿！

香港回归后，中国政府将坚定不移地执行“一国两制”、“港人治港”、“高度自治”的基本方针，保持香港原有的社会、经济制度和生活方式不变，法律基本不变。

香港回归后，中央人民政府负责管理香港的外交事务和防务。香港特别行政区依据基本法享有行政管理权、立法权、独立的司法权和终审权。香港居民依法享有各项权利和自由。香港特别行政区将循序渐进地发展适合香港实际情况的民主制度。

香港回归后，将继续保持自由港的地位，继续发挥国际金融、贸易、航运中心的作用，继续同各国各地区及有关国际组织发展经济文化关系。所有国家和地区在香港的正当经济利益将受到法律保护。

我希望，世界上一切在香港有投资与贸易利益的国家和地区，继续为促进香港的繁荣稳定作出努力。

香港同胞具有光荣的爱国主义传统。香港今日的繁荣，归根到底是香港同胞创造的，也是同祖国内地的发展和支持分不开的。我相信，有全国人民作坚强后盾，香港特别行政区政府和香港同胞一定能够管理和建设好香港，保持香港长期繁荣稳定，创造香港更加美好的未来。

如果我们比较一下查尔斯王子和江泽民主席的演说词，会发现一个很明显的区别，即对香港取得巨大成功的原因的解释。查尔斯王子自我夸耀："联合王国曾为港人负上责任，为香港提供框架，使港人得以把握个中机会，创出光彩夺目的成就，而在他们的这些成就之中，也有我们的一份参与。凡此种种，都使我们既感自豪，也感荣幸。"在临撤退时，对于他们以往的侵略行径完全回避，而一味地夸耀对于香港的贡献，显然是企图借最后的机会捞取政治资本，拉拢香港市民的人心。而江泽民主席的讲话却针锋相对，揭示了香港发展的根本原因："香港今日的繁荣，归根到底是香港同胞创造的，也是同祖国内地的发展和支持分不开的。"

参加完中英香港政权交接仪式后，查尔斯王子和彭定康驱车前往添马舰码头，准备离开香港。中国外交部副部长王英凡、中英联合联络小组中方首席代表赵稷华等代表中国政府为查尔斯王子送行。7 月 1 日零时 47 分，"不列颠尼亚号"皇家游艇驶离码头，带走了英国代表团和卸任港督彭定康，也带走了对香港的殖民统治的时代。而“不列颠尼亚号”的启锚处，正是154年前第一任港督璞鼎查登陆的地点。

凌晨1时30分，中华人民共和国香港特别行政区成立暨特区政府宣誓就职仪式，在香港会议展览中心新翼8400多平方米的七楼三号大厅隆重举行。江泽民主席、李鹏总理和钱其琛、王汉斌、张万年、费孝通、雷洁琼、程思远、吴阶平、罗干、吴学谦、董寅初、安子介、霍英东、马万祺、何鲁丽、卓琳等中央代表团成员在主席台就座。国务院副总理、全国人民代表大会香港特别行政区筹备委员会主任委员钱其琛主持仪式。

江泽民主席宣布：中华人民共和国香港特别行政区政府现在成立。这时，整个大厅响起长时间的雷鸣般掌声。1时35分，全部由港人组成的香港特别行政区政府开始宣誓就职。第一个走到主席台前宣誓就职的是香港特区首任行政长官董建华。国务院总理李鹏监誓。面对中华人民共和国国旗和香港特别行政区区旗，董建华举起右手庄严宣誓：

> 本人就任中华人民共和国香港特别行政区行政长官，定当拥护中华人民共和国香港特别行政区基本法，效忠中华人民共和国香港特别行政区，尽忠职守，遵守法律，廉洁奉公，为香港特别行政区服务，对中华人民共和国中央人民政府和香港特别行政区负责。

由董建华提名、中央人民政府任命的香港特别行政区第一届政府23名主要官员，走上主席台宣誓就职。政务司司长陈方安生领誓，国务院总理李鹏监誓。

接着，香港特区第一届行政会议14名成员，香港特区临时立法会59名议员，香港特区终审法院常设法官、高等法院法官36人，分批走上主席台宣誓就职。行政会议召集人钟士元、临时立法会主席范徐丽泰、终审法院首席法官李国能分别领誓。在香港特区行政长官董建华的监誓下，他们依次作出庄严承诺：定当拥护中华人民共和国香港特别行政区基本法，效忠中华人民共和国香港特别行政区，尽忠职守，遵守法律，廉洁奉公，为香港特别行政区服务。终审法院常设法官、高等法院法官还宣誓：尽忠职守，奉公守法，公正廉洁，以无惧、无偏、无私、无欺之精神，维护法制，主持正义，为香港特别行政区服务。

随后，李鹏总理发表了讲话。李鹏说：

> 从今天起，《中华人民共和国香港特别行政区基本法》开始实施。香港特别行政区第一任行政长官、特别行政区政府主要官员、行政会议成员、临时立法会议员、终审法院和高等法院法官，已经宣誓就职。历史赋予你们重任，香港人民对你们寄予厚望。希望你们本着爱国爱港的精神，认真贯彻执行基本法，恪尽职守，不负众望。中央人民政府将全力支持行政长官董建华先生和特别行政区政府的工作。我相信，在祖国大家庭中，香港同胞一定会以自

己的勤劳和智慧，为保持香港长期繁荣稳定作出积极的贡献。

香港回归祖国，香港特别行政区政府成立，标志着邓小平先生“一国两制”伟大构想在解决香港问题上获得了成功，标志着中国人民为实现祖国完全统一而进行的努力取得重大的成果，也是对世界和平与进步事业的重要贡献。香港历史从此进入了一个新纪元。香港的未来一定会更加美好。

接着，董建华发表讲话。他说：

这是一个崇高而庄严的时刻：1997 年 7 月 1 日。香港，经历了 156 年的漫漫长路，终于重新跨进祖国温暖的家门。我们在这里用自己的语言向全世界宣告：香港进入历史的新纪元。

中华民族近代历史的荣辱兴衰，值得我们铭记：一个国家和民族最可贵的是，能够掌握自己的命运。一个半世纪以来，中国有无数的仁人志士，为了国家富强，为了疆土完整，前仆后继，奋发图强。正是由于他们作出了巨大牺牲和努力，国家出现了百年未曾有过的繁荣和良好机遇，国际上确立了我们的尊严，香港得以顺利回归。

今天，我们幸运地站立在先贤梦寐以求的理想高地。身为中华民族一分子，一个生活在香港的中国人，我谨代表所有香港同胞，向所有为此作出贡献的中华儿女，献上深深的敬意和感激。

中国对香港恢复行使主权，实行“一个国家、两种制度”，是超凡政治智慧的创举，香港在世界各国的目光注视下，接受了一项开创历史先河的殊荣。我们深信不疑，一定能够克服历史新事业带来的一切挑战，香港的将来会更加美好，我们的信念如此坚定，不仅是因为这个构想出自一位爱国者和政治家的睿智和远见；不仅是因为这是一个伟大国家的庄严承诺；也不仅是由于香港同胞秉承了中华民族的智慧、勤劳和特有的适应能力。最重要的是“一国两制”的事业，完全掌握在我们中国人自己手里。

国家以严肃的法律形式，授予了香港举世无双的高度自治权。我们非常珍惜这权力，我们会负责任地运用这权力。香港新时代的巨轮，此刻在祖国尊重香港人、相信香港人、爱护香港人的旭日辉映下，满怀信心，升锚启航，向着振兴中华，祖国统一的宏伟目标乘风奋进。

香港人在历史上第一次以明确的身份主宰自己的命运。香港特别行政区政府将竭尽全力，保持香港一贯的生活方式，维持香港的自由经济体系，坚守法治精神，发展民主，建立富于爱心的社会，确保国际大都会的活力。

本人受国家和人民重托，出任中华人民共和国香港特别行政区首任行政长官，在这个历史时刻，我感到无上光荣，更感到责任重大。我亲身体会过创业成功的艰辛和欢愉；我清楚地知道香港人的需要和期望。同时，我更深信同心协力的重要。我将以忠诚的心志，坚决执行法律赋予香港高度自治的神圣责任，带领650万富于创业精神的香港市民，坚定地按照“一个国家、两种制度”的路向前进。

我坚信，香港回归祖国，实行“一国两制”，前途必定更加辉煌。

香港特别行政区成立暨特区政府宣誓就职仪式结束后，江泽民、李鹏在香港会展中心新翼7楼会见了香港特区政府官员，并和大家合影留念。参加会见的官员包括：香港特别行政区行政长官董建华、政务司司长陈方安生等23名特区首届政府主要官员；以钟士元为召集人的特区行政会议14名成员；以范徐丽泰为主席的60名临时立法会议员；以及终审法院首席大法官李国能为首的终审会议常设法官、高等法院的36名大法官等。

7月1日上午，中华人民共和国香港特别行政区成立庆典在香港会议展览中心新翼举行。国家主席江泽民在庆典上发表讲话，对香港特别行政区成立表示热烈的祝贺，向回到祖国大家庭的600多万香港同胞表示亲切问候，郑重重申，“一国两制”、“港人治港”、“高度自治”，50年不变，是中央政府一项长期的基本方针。

7月1日中午，在会展中心举行礼品赠送仪式。在香港警察乐队演奏的雄壮音乐声中，钱其琛将“中华人民共和国中央人民政府赠香港特别行政区政府礼品证书”交给特区行政长官董建华。为庆祝中华人民共和国香港特别行政区成立，中央人民政府和31个省、自治区、直辖市人民政府向香港特别行政区赠送了贺礼。中央人民政府赠送了一尊大型雕塑《永远盛开的紫荆花》：香港特别行政区区旗、区徽的标志形象——金色的紫荆花，端立于暖红色的花岗岩基座上，基座寓意九州方圆；环衬的长城图案象征着伟大的祖国拥抱着香港。整座雕塑昭示着香港永远繁荣昌盛。据介绍，巨雕《永远盛开的紫荆花》重70吨，长、宽、高均为6米，它以青铜铸造，表面贴着金箔，并用暖红色的花岗岩基座承托。31个省、自治区、直辖市人民政府赠送的贺礼：

北京：景泰蓝瓶《普天同庆》一对

天津：栽绒壁毯《天津黄崖关》一幅

河北：花丝镶嵌、水晶内画《九州同庆》一座

山西：核桃木雕《应县木塔》一座

内蒙古：石雕《骏马奔腾向未来》一座

辽宁：雕塑《国风》一尊

吉林：松花砚《松花紫荆情系根》一方

黑龙江：福桃花瓶《紫荆归春》一尊

上海：玉雕《浦江庆归》一座

江苏：苏绣《归程》一幅

浙江：木雕屏风《航归》一座

安徽：铁画《霞蔚千秋》一幅

福建：漆画屏风《闽港情》一座

江西：瓷板画《紫归牡怀图》一幅

山东：泰宝石金银镶嵌红木屏风《巍巍泰山喜迎港归》一座

河南：钧瓷瓶《豫象送宝》一对

湖北：雕塑《黄鹤归来》一座

湖南：湘绣屏风《洞庭春色》一座

广东：玉雕《一帆风顺》一座

广西：红木雕刻《同心桥》一座

海南：大型贝雕《天涯共此时》一座

四川：红木镂空雕刻艺术屏风《蜀港同庆》一座

重庆：雕塑《吉祥彩练》一座

贵州：彩色蜡染木雕座屏《苗岭欢歌庆港归》一座

云南：斑铜花雀瓶《吉祥》一尊

西藏：纯羊毛挂毯《山高水长》一幅

陕西：铸铜雕塑《三秦庆回归》一尊

甘肃：洮砚《九九归一》一方

青海：挂毯《青海潮涌庆回归》一幅

宁夏：贺兰石雕《牧归》一座

新疆：手工毛织壁毯《天山欢歌》一幅

中央人民政府赠送给香港特别行政区的珍贵礼物——大型雕塑《永远盛开的紫荆花》，当天矗立在香港会展中心海畔。

7月1日前后，另一件引人注目的大事就是中国人民解放军驻香港部队进驻香港特别行政区。6月30日10时10分，中华人民共和国中央军事委员会主席江泽民发布了《中国人民解放军驻香港部队进驻香港特别行政区的命令》。21 时，由 509 名官兵组成的驻香港部队先头部队分乘 39 辆军车通过落马洲口岸进入香港。先头部队进驻的军营为添马舰军营、赤柱军营、昂船洲军营和石岗军营。22 时许，我军 78 人到达英军驻港总部威尔士亲王军营，举行防务交接仪式。23 时 59 分 55 秒，英方最后一名士兵步出军营门口。零时整，在中华人民共和国国歌声中，中国国旗升起在军营前的旗杆顶端。从此，人民解放军驻港部队开始在香港执行防务。我驻港部队主力部队于 7 月 1 日晨 6 时开始，分陆路、空中、海面向香港开进。8 时 38 分，各路部队抵达各自营区，开始执行香港防务的任务。

中国政府在香港恢复行使主权的又一个重要标志，是中央人民政府负责管理与香港特别行政区有关的外交事务，在香港成立外交部驻港特派员公署。7 月 1 日零时零分，中国国旗升起在中华人民共和国外交部驻港特派员公署的办公大楼前。下午 3 时，国务院副总理、外交部长钱其琛主持了外交部驻港特派员公署的开署仪式。公署是处理由中央人民政府负责管理与香港特区有关的外交事务的机构，也是香港特区政府就此类外交事务与中央政府联系的渠道。

当香港沉浸在回归的喜悦中时，祖国大陆也是一片欢腾。6 月 30 日晚，可以说是一个不眠之夜、狂欢之夜。北京市各界群众 10 万余人聚集在天安门广场，载歌载舞，迎接那个激动人心的时刻。7 月 1 日下午，国务院在人民大会堂举行庆祝香港回归盛大招待会，党和国家领导人同全国 56 个民族的代表及首都各界人士等共 4000 多人出席。当晚，中共中央、全国人大常委会、国务院、全国政协、中央军委在北京工人体育场举行“首都各界庆祝香港回归祖国大会”。江泽民在讲话时指出：香港回归，标志着中国人民洗雪了香港被侵占的百年国耻，开创了香港和祖国内地共同发展的新纪元；标志着我们在完成祖国统一大业的道路上迈出了重要一步；标志着中国人民为世界和平、发展与进步事业做出了新的贡献。

需要指出的是，香港回归的路漫长而艰辛。这一天的到来，是很值得我们庆贺和自豪的。但是，更为重要的是，在香港回归以后，确保香港的长期繁荣和稳定。特别值得我们注意的是，几乎与香港的回归同时，泰国泰铢贬值引发了亚洲金融危机，其波及面之广、破坏性之大，都是半个世纪以来所仅见的。香港本身就是一个高度开放的社会，是国际贸易和金融中心，不可能不受到这股金融风暴的波及。1997 年的第四季度，香港的生产总值增长速度明显放缓。1998 年出现了负增长。但是，由于有了祖国大家庭的依托，香港最早走上了调整和复苏之路。亚洲金融风暴并没有压跨香港的经济。1999 年 3 月 7 日，江泽民在参加九届全国人大二次会议香港代表团的讨论时指出：

香港回归以来，董建华先生领导的香港特别行政区政府，积极致力于解决经济、社会和民生问题，沉着地应对亚洲金融危机的冲击和其他挑战，进行了卓有成效的工作，维护了香港金融和经济的安全，巩固了香港国际金融中心的地位。香港同胞处变不惊，知难而进，表现出了顽强的毅力、充沛的信心、很强的凝聚力和应对智慧，赢得了全国人民的赞赏。我们有更充分的理由相信，香港的明天一定会更美好。

江泽民的这段话，可以说是对香港回归以后最初一段历史的总结。

经过一段曲折的历程，香港终于回归。当人们回顾中英两国关于香港问题的谈判历程，不难发现，尽管英方制造了许多障碍，甚至百般纠缠，但是，最终还是按照中方所规划的轨道前行。或许人们会认为，这是因为中方代表了公正与道义。确实，这是一个重要因素，但并不是问题的全部。这不禁让人回想起中国在19世纪沦为半殖民地的悲惨历史，那时，任人宰割的中国，也往往是公正和道义的代表。马克思在评论中英两国的鸦片战争时曾深刻指出："一个人口几乎占人类三分之一的大帝国，不顾时势，安于现状，人为地隔绝于世，并因此竭力以天朝尽善尽美的幻想自欺。这样一个帝国注定最后要在一场殊死的决斗中被打垮：在这场决斗中，陈腐世界的代表是基于道义，而最现代的社会的代表却是为了获得贱买贵卖的特权——这真是任何诗人想也不敢想的一种奇异的对联式悲歌。"这种"奇异的对联式悲歌"在中国的近代现代史上不断地重复上演，甚至到了民国时期，还有类似于"公理不敌强权"的闹剧。所以，20世纪80年代中英关于香港问题的谈判，其结果之所以基本体现了中国意志，不仅仅在于公正与道义在中国一方，更重要的及最根本的原因在于中国强大了。撒切尔夫人在回顾中英谈判时，说过这样一段话："杰弗里·豪（英国外交大臣）4月（1984年）时访北京，并成功地在'中英香港问题联络处理小组'的设置问题上达成协商，1988年之后才开始运作。杰弗里·豪有耐心的交涉使得协议圆满成功。这谈不上是胜利，也不可能会有胜利，因为事实是我们所交手的是一个绝不妥协及势不可挡的超级强国。"

这就是结论。

第二章

实现“软着陆”

继往开来——1997年的中国

一、共和国经济建设历史的一个重要总结

◎经济形势最好的一年

◎头一轮加速发展

◎价格闯关的经验教训

◎邓小平的“台阶式”发展思路

1997年是中国改革开放历史上值得大书一笔的一年。中国人民在以江泽民为核心的党中央的领导下，在政治、经济、文化、科学、教育等领域中取得了辉煌的成就。特别是在经济战线上，我国第一次出现了“高增长、低通胀”的良好的发展态势。刚刚进入1998年，国务院副总理朱镕基就对1997年的经济工作作了深刻的总结。1998年1月14日，他在全国银行、保险、证券系统行长（经理）会议上指出：

> 1997年是我国改革开放以来经济形势最好的一年。经过几年宏观调控的成功，经济运行方式已经由“高增长、高通胀”转入“高增长、低通胀”的轨道；商品市场整体上已经告别短缺经济，走向买方市场；经济实力增强，生产资料供应充足，粮食储备和外汇储备都达到历史最高水平。中国已经找到并且正在培育国民经济新的增长

点。1998 年国民经济形势会比 1997 年更好。[①]

需要引起我们注意的是，朱镕基在这里用的不是“最好的年份之一”，而是“最好的一年”，即是说，改革开放以来，没有任何一年能够比 1997 年的经济形势更好。可见朱镕基的评价之高。

在这里，朱镕基所强调的不仅仅是发展的速度。如果仅就发展速度而言，1997 年国内生产总值比上年增长 8.8%，并不十分突出。如在我国经济建设的历史上，1958 年的工农业总产值比上年增长 33%；1987 年国内生产总值比上年增长 11.3%；1988 年增长 11.3%。这些数字，都比 1997 年的数字要高出许多。然而，难能可贵的是，在 1997 年，我国的经济在保持了较高的发展速度的同时，实现了较低的通货膨胀率。1987 年也是我国经济建设速度较高、形势较好的一年，但是这一年商品零售价格总指数上升 7.3%，到 1988 年竟然高达 18.5%，其中 12 月份比上年同月上升 26.7%。而在 1997 年，商品零售价格总指数仅上升 0.8%。一个“高增长、低通胀”的态势已经形成。这种形势，不仅在我国社会主义经济建设史上，而且在世界经济发展史上也是少见的。朱镕基称其为“最好的一年”，根据就在这里。

如果联系到 1997 年的国际经济背景，我们可以更深刻地认识到我国所取得的成就的非凡意义。1997 年 7 月，泰国的泰

① 《中国共产党新时期历史大事记》，中共党史出版社 1998 年版，第 510 页。

铢对美元的汇率失守，引起了马来西亚、菲律宾、印度尼西亚等国的连锁反应，爆发了一场罕见的亚洲金融危机。截至12月1日，泰国已有约117万失业者。12月8日，泰国宣布关闭56家金融公司。15日，泰铢对美元汇率跌破48泰铢兑换1美元的大关。同日，菲律宾比索对美元汇率创历史新低，达到38.85比1。这场危机还波及台湾和刚刚回归的香港地区，以及韩国和日本。一时间，日本、亚洲四小龙的神话破灭了。在我国进一步加大改革开放的力度的形势下，经济发展不可能不受到这场危机的影响。在这种严峻的国际经济形势下，我国保持了几年来宏观调控的成果，走上了“高增长、低通胀”的良性循环的轨道，就更是难能可贵的了。

1997年“高增长、低通胀”发展态势的形成，可以说是来之不易的。以江泽民为核心的党中央，汲取了我国社会主义经济建设历史上成功的经验和遭受挫折的教训，从我国建设社会主义市场经济的实际情况出发，制定了一系列宏观调控的政策措施，才走上了一条比较稳健的发展道路。其中，邓小平关于“台阶式”发展的思路，对于实现这种健康的发展态势，具有指导性的意义。

邓小平的“台阶式”发展的思路，其核心是抓住机遇，加速发展。但是，在改革开放初期，鉴于以往多次因为片面追求高指标、高速度反而造成大起大落的教训，再加上我国正处于国民经济调整时期，所以，中央对于建设速度问题非常慎重，没有提出加速发展的问题。1982年5月，邓小平在向外国客人介绍我国经济建设的历史经验时指出：“根据我们的经验，步子也不能迈得太快、太急。过去，我们搞得太急，发生了一些错误，我们叫‘左’的错误，这样，经济发展的速度反而慢了。……今后十年经济发展不会太快，因为过去遗留下来的问题太多，各种比例失调。五年至十年以内，经济发展速度只能每年增长4%，达到5%就了不起了。”① 基于这种考虑，几个月后，邓小平在谈到党的十二大确立的20年“翻两番”的总目标时指出：“20年是从1981年算起，到本世纪末。大体上分两步走，前十年打好基础，后十年高速发展。”② 显然，此时邓小平关于我国前十年经济发展的思路，侧重点是“稳”。

1983年年初，邓小平的思路侧重点开始发生一些变化。按照原定计划，1982年工农业总产值的增长率为4%，但实际上增长率却达到了8.7%。这种实际发展速度超出原定计划指标一倍多的新情况，引起了邓小平的注意。1月12日，他在同国家计委、国家经委和农业部门负责同志谈话时说：“根据最近的统计，1982年工农业总产值增长8%左右，大大地超过了原定的增长4%的计划。前两年还没有发生这种情况，1982年是头一次出现。这里就提出一个问题，如果我们的年度计划定低了，而实际增长速度高出很多，会产生什么影响？对这个问题，要抓紧调查研究，作出符合实际的分析。”③ 邓小平提出，计划定得高了，冒了的问题，我们已经注意到了，今后还要继续注意。现在要注意另外一个方面的问题。邓小平说的“另外

① 《邓小平文选》第二卷，人民出版社1993年版，第407页。
② 《邓小平文选》第三卷，人民出版社1993年版，第9页。
③ 《邓小平文选》第三卷，人民出版社1993年版，第22页。

一个方面的问题”，指的就是计划定得保守了的问题。邓小平敏锐地觉察到了1982年以后显露出的加速发展的势头，开始关注发展速度。1983年春，邓小平到江苏、浙江、上海视察，“一路上看到情况很好，人们喜气洋洋，新房子盖得很多，市场物资丰富，干部信心很足”。这次视察，使邓小平看到，我国在经济发展速度上，还很有潜力可挖。回到北京后，他在同几位中央负责同志谈话时，提出：“现在的问题是要注意争取时间，该上的要上。”“总之，一是要心中有数，现在不是完全有数。一是现在议论得多，行动不快。”① 所谓“心中有数”，指的是要有发展的具体规划；所谓“行动不快”，指的就是没有抓住发展的机会。

根据邓小平提出的制订计划应遵循“积极的、留有余地的、经过努力才能达到”的原则，六届全国人大一次会议的《政府工作报告》提出：“今后五年，首先要保证农业、轻工业和重工业生产相互协调地向前发展。必须在不断提高经济效益的前提下，争取生产的发展达到经过努力可以达到的实实在在的速度。”报告预计，“六五”计划规定的生产发展速度可以超过“七五”期间的发展速度，有可能比“六五”高一些。

从1984年开始，我国经济进入了加速发展时期。1984年我国国内生产总值比上年增长14.5%，此后到1988年，五年平均每年增长11.6%，高于当时资本主义国家中发展速度最快的韩国（同期平均增长9.6%），发展速度居世界首位。就在这

① 《邓小平文选》第三卷，人民出版社1993年版，第25～26页。

一加速发展时期，我国工农业总产值（1985年起开始用国民生产总值计算）提前四年完成了翻一番的任务。这些成就表明，在五年时间里，我国经济实实在在地上了一个台阶。

邓小平对于这五年的加速发展给予非常高的评价。1992年春天，他在南方谈话中指出："经济发展比较快的是1984年至1988年。这五年，首先是农村改革带来许多新的变化，农作物大幅度增产，农民收入大幅度增加，乡镇企业异军突起。……农副产品的增加，农村市场的扩大，农村剩余劳动力的转移，又强有力地推动了工业的发展。这五年，共创造工业总产值六万多亿元，平均每年增长21.7%。""农业和工业，农村和城市，就是这样相互影响、相互促进。这是一个非常生动、非常有说服力的发展过程。可以说，这个期间我国财富有了巨额增加，整个国民经济上了一个新的台阶。""那五年的加速发展功劳不小，这是我的评价。"从这五年"非常生动、非常有说服力的发展过程"中，邓小平得出了这样一个结论："从我们自己这些年的经验来看，经济发展隔几年上一个台阶，是能够办得到的。"① 概括地说，就是在条件具备的时候，要抓住机会，加速发展。这就是邓小平的"台阶式"发展思路的核心内容。

我国头一轮的加速发展，其本身也蕴涵着制约发展的因素。改革开放以来，特别是1984年以来积累下的矛盾也趋于尖锐，成为我国改革进一步深化的严重障碍。这些矛盾主

① 《邓小平文选》第三卷，人民出版社1993年版，第376～377页。

要有：

第一，社会总需求超过社会总供给的矛盾进一步扩大，形成投资需求和消费需求双膨胀的局面，由此而导致严重的通货膨胀。1984年以来，我国经济发展一直处于过热状态，投资规模逐年扩大，消费基金过度增长，连续四年社会总需求超过社会总供给，供需差率由1983年的4.7%扩大到16.5%（1984年）、11.25%（1985年）、13.45%（1986年）、13.6%（1987年）。为了供应不断膨胀的投资需求和消费需求，货币连年超经济发行，造成严重的通货膨胀。这四年时间，每年货币量的增长高于经济增长约9～35个百分点。1987年年底，我国的货币流通量已达1454亿元，比1983年增加174%。货币量的增长较大幅度地超过经济的增长，必然带动物价的普遍上升。

第二，国民经济结构性矛盾又开始突出出来，农业重新成为国民经济中的薄弱环节。1984年，我国工业总产值比上年增长14%，农业总产值增长14.5%，农业的增长速度还高于工业；到了1986年和1987年，我国工业继续保持高速增长的势头，工业总产值分别比上年增长11.1%和16.5%；而农业增长速度则大幅度跌落，分别只有3.5%和4.7%，其中粮食仅增长2.8%。加上同一时期人口自然增长率又回升到14‰以上，仅1987年就净增人口1500多万，人均粮食由1984年的395.5公斤下降到376公斤，下降了5%，我国粮食再次由净出口转为净进口。

第三，经济秩序紊乱，国家管理和调控宏观经济的能力减弱。在80年代中期以后，我国国民经济的运行出现失控，在生产、建设、流通领域均发生了不同程度的混乱现象。特别是在流通领域，混乱现象已经非常严重，其突出表现就是各种公司办得过多、过滥，远远超过了正常商品流通的需要。特别是那些官商不分的“官倒”公司，利用价格“双轨制”从流通中转手倒卖重要生产资料，牟取暴利，严重扰乱了经济秩序，引起人民群众的严重不满。

以上几个方面的尖锐矛盾，当时有人称为“四过一乱”，即过旺的社会需求，过快的工业发展速度，过多的信贷和货币投放，过高的物价涨幅，经济秩序混乱。“四过一乱”现象的出现，既有主观方面的原因，也有客观方面的原因。在改革和建设方面的急于求成的片面的指导思想，是导致上述矛盾趋于尖锐的根本原因。同时，从客观上看，上述矛盾又是当时特殊的经济背景的产物。20世纪80年代中期以后，我国的经济体制处于转轨的关键时期。在新旧体制交替时期，一方面，国家的指令性计划和行政控制手段在逐渐减少、减弱；另一方面，主要依靠经济手段调控国民经济的新的机制尚未真正确立，这一方面的改革滞后。以上矛盾，就是在这种新旧体制交替时期两种调控机制都十分薄弱、都不能有效地发挥作用的产物。此其一。其二，在新旧体制转轨时期，还存在着两种体制某些机制并存、相互制约、相互影响、相互冲突的复杂情况，为各种违法、违规行为提供了可乘之机。如1984年以后开始实行的工业生产资料价格“双轨制”，在发挥一定的积极作用的同时，也成为从流通中转手倒卖牟取暴利的“官倒”“私倒”滋生，从而使“权钱交易”等腐败之风蔓延的最适宜的土壤。

鉴于以上矛盾，1987年9月召开的计划会议和经济体制改革工作会议提出，1988年计划的总方针是：“收紧财政和信贷，控制需求，稳定物价，保持经济的平衡和稳定发展。”会议还提出了1988年具体的宏观控制目标：货币增发量控制在170亿元左右，财政赤字低于80亿元，市场零售物价指数低于1987年，外汇结存略高于1987年，农业生产速度保持4%，工业生产在提高效益的基础上增长8%，城乡人民的平均实际收入略高于1987年的水平。中共十三大以后召开的中央工作会议肯定了这些安排，确定1988年经济工作的方针是稳定经济，深化改革。

现在回过头来看，“稳定经济，深化改革”是一个从实际出发的方针。如果按照这样一个方针去安排1988年的改革和建设，就不会有急于求成的价格闯关了。

对于1987年的经济形势，当时主持工作的中央主要领导人有不同的看法，“稳定经济，深化改革”的方针在实际执行中发生了根本的变化。进入1988年后，主持中央工作的领导人认为，1987年的经济形势相当好，全面好，批评有的同志把经济形势看得过于严峻。在这种认识指导下，“稳定经济，深化改革”的方针已经不可能贯彻下去了。由此造成两个结果：一是从1988年年初开始，又放松了对财政信贷的控制，本来在1987年第四季度得到控制的需求，又重新开始膨胀起来；二是在1988年的上半年，一系列重大的改革措施相继出台，其中影响最大的就是价格改革闯关。

实际上，在改革开放之初，价格改革即已起步。中共十二届三中全会通过的《关于经济体制改革的决定》即已指出："我国现行的价格体系，由于过去长期忽视价值规律的作用和其他历史原因，存在着相当紊乱的现象，不少商品的价格既不反映价值，也不反映供求关系。不改革这种不合理的价格体系，就不能正确评价企业的生产经营效果，不能保障城乡物资的顺畅交流，不能促进技术进步和生产结构、消费结构的合理化，就必然造成社会劳动的巨大浪费，也会严重妨碍按劳分配原则的贯彻执行。""价格是最有效的调节手段，合理的价格是保证国民经济活而不乱的重要条件，价格体系的改革是整个经济体制改革成败的关键。"这个认识在当时是很深刻的。实际上，如果当时就下定决心闯关，条件还是很有利的，至少面临的是一个比较稳定的经济环境。但是，由于价格改革的风险太大，中央对于价格改革十分谨慎，步子一直迈得不大。同时，也有些人主张绕过价格改革，把改革重点放在推行企业承包制上，这种意见，对于中央决策也产生了深刻的影响。

随着改革的深入，人们越来越清楚地认识到，物价这一关是绕不过去的。这是因为，扭曲的价格体系和僵化的价格管理体制与中共十三大提出的"国家调节市场，市场引导企业"的机制是背道而驰的。一方面，在市场经济条件下，价格环境是企业生产经营最重要的外部条件，是反映资源稀缺程度的最基本的信号。但是，旧的价格体系所反映的信号却是歪曲的：越是紧缺的资源，价格管理部门管得越死，价格越不能动，亏损也越多。其结果是引导资源大量涌向价高利大的长线部门，使得长线越来越长，短线越来越短，导致产业结构恶化。另一方面，作为一种权宜之计，实行了几年的生产资料“双轨制”，已经成为经济持续、稳定增长和各方面改革进一步深化的严重障碍。在“双轨制”条件下，一物多价使企业很难进行科学的经济核算，很难进行平等的竞争。据估计，当时“双轨制”下每年的价差、利差和汇差总额达2000亿～3500亿元，占国民生产总值的20％～30％。[①] 既然有这么大的价差，就诱导一些企业不是靠改善管理来提高效益，而是下很大功夫去拉关系、走后门，低价进、高价出，搞什么“跑部钱进”。长此以往，我国的国有企业将会在很大程度上丧失生机与活力，不仅难以参与国际竞争，就是在国内，也会逐渐失去优势。同时，如此大的价差与政府官员手中的权力紧密联系在一起，使得权力有价，“寻租行为”也由此泛滥开来。可以认为，价格“双轨制”已经成为导致经济秩序混乱的重要原因。从以上两方面的弊端可以得出这样一个结论：除非我们放弃改革，价格改革势在必行。

1988年4月以后，同时暴露出来的几个方面的尖锐矛盾进一步揭示了改革不合理的价格体系和价格管理体制的必要性，中央对于坚决进行价格改革的意见趋于一致。5月19日，邓小平在会见朝鲜政府军事代表团时对于价格改革的意义作了说明，他指出：“理顺物价，改革才能加快步伐。”“最近我们决定放开肉、蛋、菜、糖四种副食品价格，先走一步。中国不是

① 《1988年中国经济实况分析》，中国社会科学出版社1991年版，第98页。

有一个‘过五关斩六将’的关公的故事吗？我们可能比关公还要过更多的‘关’，斩更多的‘将’。过一关很不容易，要担很大风险。”“但是物价改革非搞不可，要迎着风险、迎着困难上。”[①] 这是邓小平在公开场合第一次将价格改革称为闯关。此后，邓小平和中央其他领导人多次强调价格改革的必要性。对于推进价格改革的必要性，中央主要领导人已经取得比较一致的意见，并纷纷就此发表谈话[②]。由此，价格改革的步伐也开始加大、加快。经国务院批准，国家物价局、商业部决定从 4 月 1 日起，调整部分粮、油的收购价格；4 月 5 日，国务院发出《关于试行主要副食品零售价格变动给职工适当补贴的通知》，主要副食品（肉、蛋、菜、糖）暗补改为明补；从 5 月以后，彩色电视机实行浮动价格，国产的一般机型上浮 20％～30％；经国务院批准，从 7 月 28 日起放开名烟名酒的价格，同时提高部分高中档卷烟和粮食酿酒的价格，等等。

与此同时，制定价格改革的系统方案也提到了日程上。5 月 30 日至 6 月 1 日，中共中央政治局在北京召开第九次全体会议，讨论全国经济体制改革和经济形势问题。会议提出，价格和工资制度改革需要有通盘的考虑和系统的方案。价格和工资制度改革，既要理顺关系、促进生产，又要使大多数群众生活水平逐步有所提高。会议决定要制定价格、工资改革的系统方案。会后，从 6 月 2 日起，中央责成专门机构组织有关部门研究此后五年特别是 1989 年的价格、工资改革和配套措施问

① 《邓小平文选》第三卷，人民出版社 1993 年版，第 262～263 页。

② 见《人民日报》1988 年 5 月 25 日。

题。经过几上几下的论证，有关机构提出了关于价格、工资改革的初步方案。

8月15日至17日，中共中央政治局在北戴河召开第十次全体会议，讨论并通过了《关于价格、工资改革的初步方案》。会议认为，价格改革的总的方向是少数重点商品和劳务价格由国家管理，绝大多数商品价格放开，由市场调节，以转换价格形成机制，逐步实现“国家调控市场，市场引导企业”的要求。根据各方面的条件和现实的可能，此后五年左右的时间，价格改革的目标是初步理顺价格关系，即解决对经济发展和市场发育有严重影响、突出不合理的价格问题。工资改革总的要求是在价格改革过程中，通过提高和调整工资、适当增加补贴，保证大多数职工实际生活水平不降低，并随着生产的发展而有所改善，同时进一步贯彻按劳分配原则，解决工资分配中一些突出不合理的问题。会议认为，价格、工资改革实际上是改革的全面深化。会议决定，这个方案还要在党内外人士和有关专家中广泛征求意见，然后在9月份的中央工作会议和十三届三中全会上讨论、审议。

至此，中共中央正式作出了价格闯关的决策。

但是，价格改革方案的通过成为新中国成立以来最大的一场抢购风潮的导火索，则是许多人始料未及的。本来，在1988年年初，投资需求和消费需求重新开始膨胀起来，物价涨幅已经很大，再加上一些大的价格改革措施集中出台，到7月份，物价上升幅度已达19.3％，创下历史的最高记录。在这种情况下，尽管中央一再强调要“采取强有力措施综合治理通货膨胀”，但各阶层群众已经产生通货膨胀预期心理，中央政治局会议通过价格改革方案的消息一经传开，误以为9月1日物价要全面放开，新一轮前所未有的大幅度涨价即将开始，于是，继4、5月份的抢购风潮之后，在各大中城市立即掀起了一股更为凶猛的抢购风潮。这场抢购风潮，在以下几个方面，都堪称共和国历史之最。

第一，波及面广。从8月中旬开始，北京、上海、天津、重庆、西安、福州、成都等大城市再次出现抢购风潮，瞬间席卷全国城市和部分乡村。

第二，抢购品种全。这次抢购的主要对象为穿、用商品，涉及50个大类500多种商品，也有部分地区抢购粮食、食油的。可以说，大到几千元的高档商品，小到易消耗的便宜货，均在抢购之列。

第三，盲目性大。在这次抢购中，消费者的购买行为已经不是为了消费，而是为了保值，所以，购物时不管品种、不管牌号、不问质量、不讲价格，很多商场积压多年的残次商品，也在这次风潮中被一抢而空。

第四，卷入阶层多。面对年初以来物价持续大幅度的上涨，各阶层群众普遍产生购物保值的心理，一有风吹草动，就会立即卷入到盲目的抢购中去。这次风潮中的抢购者，有工人、教师、机关干部、科技工作者、个体工商业者、农民，几乎遍布社会各个阶层，而以有固定工资收入的人居多。

第五，零售商品总额增幅高。8月份社会商品零售总额达636.2亿元，比上年同期增加38.6%，如扣除物价上涨因素，增加约13%左右。其中粮食增销30.9%，棉布增销41.2%，绸缎增销35.5%，洗衣机增销130%，电冰箱增销82.8%，电视机增销56%。

第六，商品抢购风潮伴随挤兑银行储蓄存款风潮。不仅挤兑活期存款，而且挤兑未到期的定期存款，从而导致储蓄存款大滑坡的严重局面。8月份城乡储蓄存款减少26.1亿元，其中定期存款减少27.8亿元，活期存款增加1.7亿元。

人民群众对于物价上涨的恐惧心理和由此导致的抢购风潮，成为这次价格改革闯关难以逾越的障碍。面对价格改革的强大阻力，中央不得不调整对策。8月30日，国务院总理李鹏主持召开了国务院第20次常务会议，会议重提“稳定经济，深化改革”的方针，特别申明：价格改革方案中提到的“少数重要商品和劳务价格由国家管理，绝大多数商品价格放开，由市场调节”，指的是经过5年或更长一点时间的努力才能达到的长远目标。在这里，原来政治局会议所提出的“5年左右的时间”已经修订为“5年或者更长一点的时间”。会议还作出保证：“目前改革方案还在进一步修订和完善之中。明年作为实现5年改革方案的第一年，价格改革的步子是不大的，国务院将采取有力措施，确保明年的社会商品零售物价上涨幅度明显低于今年。”同日，根据会议的精神，国务院发出了《关于做好当前物价工作和稳定市场的紧急通知》。这次会议的召开和《紧急通知》的发布，为这次价格改革闯关画上了句号。

既然价格改革势在必行，为什么还会遭受这么大的挫折呢？原因当然是多方面的，但是，选择在通货膨胀最为严重的年份来搞这场难度最大的改革，无疑是最根本的原因。当时，对于价格改革的必要性，可以说不论在经济理论界还是在中央决策层都已达成共识。然而，对于深化价格改革所必需的条件，或者说，在通货膨胀最严重的1988年全面铺开价格改革，究竟合适不合适，认识却并不一致。6月9日，《人民日报》发表了题为《改革有险阻苦战能过关》的评论员文章，文章虽然正确地指出了价格改革是改革进程中难度最大的一个“陡坡”，但对于闯过这道关口，仍然感到很有把握。文章指出：“较之过去来说，现在物价改革的条件是比较有利的，经过过去九年的改革，我国经济有很大发展，人民生活水平也有较大提高，对物价改革带来的波动有相当的承受能力。”这篇文章实际表明了中央闯关的决心和信心，在烘托闯关的气氛方面，起了很重要的作用。8月中旬的政治局会议也认为，当时进行价格改革，“时机是有利的”。在当年7月，不论是物价涨幅还是老百姓的通货膨胀预期，都已临近警戒线。在这种情况下，任何较大的价格改革措施出台，都必然要引起更大的市场风潮，可以说是断无例外。而这次会议和当时的舆论宣传却完全忽视了这个基本情况，仍然大张旗鼓地宣传“长痛”不如“短痛”，显然是不合适的。

另一种看法则比较冷静和客观。在国家计委召集的经济专家座谈会上，薛暮桥提出：不能靠通货膨胀来维持不正常的高速度，同时在通货膨胀下不可能理顺价格，改革也难以深化。他认为，唯一正确的办法是“釜底抽薪”，用三年时间压缩基建投资、降低货币发行量，停止通货膨胀并逐步消化积存下来的“隐蔽性”通货膨胀，在这基础上再逐步理顺价格，建立社会主义商品经济新秩序，为深化改革铺平道路。[①] 这个意见，实质上就是主张在深化价格改革之前，必须首先治理好经济环境。但是，当时主张马上就闯价格改革这一关的呼声甚高，薛暮桥的意见没有引起中央有关负责人的重视。

价格改革闯关受挫，致使上面所提到的几个方面的矛盾进一步激化了。首先，社会总需求超过总供给的矛盾进一步扩大。1988 年，在花费很大力气去压缩基建项目的情况下，全国固定资产的投资仍然增长 18.5%，非生产性投资达到 510 亿元；全年社会商品零售总额比 1987 年增长 27.8%，售予社会集团的消费品零售额增长 20.3%。这种投资与消费的双膨胀，使社会供需差率由 1987 年的 13.6%扩大到 16.2%。

其次，在供求总量不平衡的同时，国民经济结构性矛盾更为突出。从整个国民经济的发展来看，工业和农业的增长极不协调。1988 年，工业增长率高达 20.7%，而农业增长率只有 3.2%。在两大产业的内部，结构性矛盾也十分突出。

再次，物价涨幅居高不下，通货膨胀日趋严重。1988 年，零售物价指数突飞猛进，比 1987 年平均上升 18.5%，其中 12 月份比上年同月上升 26.7%，职工生活费用价格总水平平均上升 20.7%。同时，全年货币超量发行，到 9 月底，货币净投放量已达 395.4 亿元，比 1987 年全年增发的货币量还多 159.4 亿元。挤兑和抢购风潮大大加快了货币的流通速度，市场流通

① 《薛暮桥回忆录》，天津人民出版社 2006 年版，第 518 页。

货币量已达 1900 亿元。物价连月持续大幅度上涨，货币增发速度大大超过同期国民经济增长和物价上涨水平，两种情况互为因果，愈演愈烈，这在共和国的历史上是仅见的。

最后，伴随几次抢购风潮，经济秩序愈加混乱。许多单位插手生产资料的经营，钻国家计划内外、国内外差价的空子，抢购、囤积、加价、倒卖，致使生产资料的价格暴涨。当时有一家门窗厂的厂长反映，该厂加工制成的钢窗价格还不如不加工直接倒卖钢材合算。

总之，在价格改革闯关受挫之后，中国的改革和经济建设所面临的形势是十分严峻的。更为严重的是，经济方面的尖锐问题如果任其发展下去，必然导致政治上的不稳定的局面，我们已经有过这一方面的教训。可以说，在价格改革闯关受挫之后，治理整顿就成为我国经济走出困境的唯一抉择了。

邓小平从 1984 年到 1988 年的经济加速发展过程中，不仅看到了“经济发展隔几年上一个台阶”的可能性，而且还认识到：经济的高速发展往往又会产生一些影响经济持续发展的不利因素，需要及时加以治理。也就是说，经济加速发展的过程也蕴涵着制约发展的因素。他说：“经济‘过热’，确实带来一些问题。比如，票子发得多了一点，物价波动大了一点，重复建设比较严重，造成了一些浪费。”[①] 邓小平对于加速发展中出现的问题做了实事求是的分析。1988 年 9 月 12 日，他在听取关于价格和工资改革初步方案的汇报时指出：“现在的局面看

① 《邓小平文选》第三卷，人民出版社 1993 年版，第 376 页。

起来好像很乱，出现了这样那样的问题，如通货膨胀、物价上涨，需要进行调整，这是不可少的。但是，治理通货膨胀、价格上涨，无论如何不能损害我们的改革开放政策，不能使经济萎缩，要保持适当的发展速度。现在出现的这些问题是能解决的，我们有信心。小错误难免，只要不犯大错误就行了。”可以看出，邓小平的论述有两个要点：一是这些问题必须加以治理，尔后才能继续前进；二是这些问题又是发展中出现的问题，完全能够得到解决，不要因为这些问题的出现而怀疑我们的改革开放政策和影响我们的战略部署。显然，邓小平不是把治理整顿看作发展的停顿和基本政策的转变，而是看作整个经济发展战略部署的一个组成部分，改革和建设发展链条中的一个环节，其目的仍然是下一步的加速发展。基于这种认识，邓小平明确表示："我赞成边改革、边治理环境整顿秩序。要创造良好的环境，使改革能够顺利进行。”他还提出："中央要有权威。党中央、国务院没有权威，局势就控制不住。中央定了措施，各地、各部门就要坚决执行，不但要迅速，而且要有力，否则就治理不下来。”① 可见，邓小平关于治理整顿的决心，是十分坚决的。

在加速发展的势头还很猛的时候，实行财政和信贷“双紧”的政策和其他一些调整措施，有很大的难度。邓小平的明确支持，对于中央下定治理整顿的决心，无疑起到了重要的促进作用。1988 年 9 月 15 日至 21 日，中共中央政治局召开中央

① 《邓小平文选》第三卷，人民出版社 1993 年版，第 277 页。

工作会议。在这次会议上，中央政治局正式作出治理整顿的决定。9月26日至30日召开的中共十三届三中全会批准了中央政治局提出的治理经济环境、整顿经济秩序、全面深化改革的指导方针和政策、措施。全会确定，在坚持改革、开放总方向的前提下，把1989年和1990年两年改革和建设的重点突出地放到治理经济环境和整顿经济秩序上来，以扭转物价上涨幅度过大的势态，创造理顺价格的条件，使经济建设持续、稳步、健康地发展。以中央工作会议和十三届三中全会的召开为标志，我国改革和建设进入了三年治理整顿时期。

从总体上看，三年治理整顿的效果是好的。它创造了一个相对宽松的经济环境，为国民经济走上持续、稳定、协调发展的轨道，特别是为1992年以后经济的飞跃发展，打下了良好的基础。治理整顿的成效主要表现在以下几个方面：

第一，投资需求和消费需求双膨胀的局面明显缓解，严重的通货膨胀得到有效的控制。在治理整顿阶段，国务院及有关部门采取了经济和行政等方面的措施，实行信贷和货币“双紧”政策，清理固定资产投资项目，压缩投资规模，控制社会集团消费，有效地遏止了社会消费膨胀的趋势，促使供求关系趋于平衡。治理整顿的三年，社会总需求超过总供给的平均供需差率由1985年至1988年的11.8%，缩小到8%左右。商品零售物价指数由1988年的118.5逐步降至1989年的117.8、1990年的102.1和1991年的102.9。

第二，流通领域的混乱现象得到整顿，经济秩序明显好转。经过清理整顿，党政机关所办的各种公司绝大多数已经撤销或同机关脱钩，一批在公司中兼职的国家机关工作人员从公司中退出。价格混乱现象也得到比较有效的治理。

第三，对外开放取得较大进展。1984年到1989年，我国进出口贸易一直处于逆差的状况，1988年进出口总额为1027.9亿美元，逆差为77.6亿美元。在治理整顿中，我国顶住西方国家无理“制裁”的强大压力，坚持改革开放，对外贸易取得长足发展，1990年即扭转了对外贸易逆差的状况。1991年，我国进出口总额达到1356.3亿美元，顺差达80.5亿美元。1989年至1991年，我国实际利用外资额达318.02亿美元，是改革开放13年历史中利用外资额最多的一个阶段。

第四，产业结构调整取得一定的成绩。在治理整顿期间，农业、能源、交通、原材料等产业部门均获得不同程度的发展，而一直处于长线的加工工业则受到一定的限制，国民经济各部门发展不平衡的状况得到改善。1989年和1990年粮食生产都获得丰收，从而结束了农业生产从1985年到1988年连续四年徘徊的局面。1990年，农业总产值达7662.09亿元，比1989年增长7.6%；1991年，尽管遭遇到严重的自然灾害，但农业生产仍然获得较好收成，农业总产值达8157.03亿元，比1990年增长3.7%。

第五，在治理整顿期间，一些领域的改革取得新的进展。在治理整顿的三年时间里，虽然改革从总体上说放慢了步伐，但在某些领域改革仍然取得了新的进展，特别是在党的十三届五中全会以后。中共中央、国务院及有关部门先后制定了一系列深化改革的政策措施，进一步推动了价格体系和价格管理体制、国有企业经营机制、外贸管理体制、农村双层经营体制等方面的改革，并在金融、财税、社会保险、住房制度、医疗制度等方面开展了改革试点工作。

第六，在治理整顿期间，我国经济发展仍然取得了适度的发展。1989 年至 1991 年，我国国民生产总值平均增长 6%；工业总产值平均增长 10.36%。在国内发生政治风波、国际上西方国家实施“制裁”的严峻形势下，能够保持 6%的增长速度，可以说是一个了不起的成就。

以上几个方面的成效说明，在五年加速发展时期出现的尖锐问题，经过治理整顿，已经基本得到解决，治理整顿的主要目标已经基本实现。因此，1991 年 12 月 23 日，在国务院第十二次全体会议上，国务院总理李鹏宣布：从总体上来说，治理整顿的任务已经基本完成。

邓小平对于治理整顿的作用和成绩给予了充分的肯定。当治理整顿任务快完成的时候，邓小平在强调发展的同时，仍然指出“强调‘稳’是对的”，他说：“总结经验，‘稳’这个字是需要的，但并不能解决一切问题。以后还用不用这个字？还得用。什么时候用，如何用，这要具体分析。”[①] 邓小平所说的“强调稳”，指的就是治理整顿。在南方谈话中，邓小平再次指出：“治理整顿，我是赞成的，而且确实需要。”他把五年加速发展和治理整顿联系在一起，认为二者都有功：“治理整顿有成绩，但评价功劳，只算‘稳’的功劳，还是那五年加速发展

① 《邓小平文选》第三卷，人民出版社 1993 年版，第 368 页。

也算一功？或者至少算是一个方面的功？如果不是那几年跳跃一下，整个经济上了一个台阶，后来三年治理整顿不可能顺利进行。”① 邓小平的南方谈话主要是强调抓住机遇、加速发展，但他仍明确指出了治理整顿的必要和功效。

总之，五年加速发展和三年治理整顿的实践证明：在我国社会主义经济建设和改革开放的长过程中，仅有“加速发展”是不够的，还必须有“治理整顿”。这里所说的“治理整顿”，实际上指的就是国家对于国民经济的宏观调控和对于经济环境的治理。只有把二者紧密地结合起来，在实践中才能形成一个完整的发展过程，在理论上也才能构成一个完整的发展思路。

由“加速发展”和“治理整顿”两个方面构成的发展过程，与以往的“冒进”和“调整”的过程在表现形式上似乎不无相似之处：都有经济发展的“高速度”，也都有对宏观经济的大调整。但是，如果我们从两种发展过程的启动、内涵与结果来观察，可以看出二者有着本质的区别。

首先，是在发展机遇上的区别。以往的冒进，如 1958 年的“大跃进”，是在不具备快速发展的机遇的形势下，主观盲目发动起来的，它完全脱离了客观实际的需要和可能。而邓小平在 1983 年以后提出发展速度问题和此后的加速发展，则具有充分的客观依据。

一是相对稳定的国际环境。进入 20 世纪 80 年代以后，和平与发展逐渐成为世界的主题，我国所处的国际环境趋于稳

① 《邓小平文选》第三卷，人民出版社 1993 年版，第 376～377 页。

定。邓小平敏锐地觉察到了这种变化。1983 年 3 月 2 日，邓小平在同几位中央负责同志谈话时指出：“大战打不起来，不要怕，不存在什么冒险的问题。以前总是担心打仗，每年总要说一次。现在看，担心得过分了。我看至少十年打不起来。”[①] 一个和平的国际环境是我国改革开放和经济建设快速发展所必需的外部条件。

二是有利的国内政治条件。当时国内政局稳定，中国共产党的建设有中国特色社会主义的路线、方针和政策已经深入人心。党的十一届三中全会重新确立了马克思主义的思想路线、政治路线和组织路线，并建立了以邓小平为核心的第二代中央领导集体；十一届六中全会通过了党的历史上的第二个历史决议，使全党在新中国成立以后一系列重大历史问题的评价上达成了共识；党的十二大通过了全面开创社会主义现代化建设新局面的纲领，进一步明确了全党和全国人民的奋斗目标。一个安定团结的政治局面已经形成。1984 年 10 月，邓小平在谈到国内问题时说：“现在我们的中央是有秩序地很好地在进行工作。整个的形势很好，《关于经济体制改革的决定》不是说安定团结的政治局面更加巩固吗？确实是这样。想想我们党的整个历史时期，有多少时间有这么好的政治局势？”[②] 一个成熟、坚强的中央领导集体和安定团结的政治局面，为我国经济快速发展提供了根本的政治保证。

三是有利于发展的经济环境。1979 年中央提出了对整个

① 《邓小平文选》第三卷，人民出版社 1993 年版，第 25 页。
② 《邓小平文选》第三卷，人民出版社 1993 年版，第 88 页。

国民经济实行“调整、改革、整顿、提高”的方针，1980年年底又决定进一步调整国民经济。到1982年年底，国民经济调整已经取得重大成就，扭转了重大比例严重失调所造成的不稳定状态，长期存在的积累率过高和农业、轻工业严重落后的状况，发生了根本的变化。据六届全国人大一次会议《政府工作报告》的统计，到1982年，积累率由1978年的36.5%调整到29%；在工农业总产值中，农业所占比重由1978年的27.8%提高到33.6%，轻工业所占比重由31.1%提高到33.4%。这几年市场物价也稳定下来，1980年的全国零售物价指数曾达到106，到1982年就回落到101.9，1983年继续回落到101.5。[①] 一个稳定的经济环境，是经济快速发展的不可缺少的前提条件。

四是全面改革为经济的快速发展提供了源源不断的动力。当时，农村改革已经获得巨大成功。农村改革的经验证明，改革可以极大地解放和发展生产力。党的十二届三中全会之后，改革重点移向城市，邓小平预计：再过三年五年，可以证明我们中央全会通过的《关于经济体制改革的决定》是正确的。“如果按照决定所制定的方针走下去，我国的经济发展速度可以加快。”[②] 全面改革的展开成为经济加速发展的极有利的时机。

最后，全方位的对外开放成为推动我国经济快速发展的一个极为重要的因素。邓小平认为，现在的世界是开放的世界，

① 《中国统计年鉴》，中国统计出版社1989年版，第688页。
② 《邓小平文选》第三卷，人民出版社1993年版，第95页。

关起门来搞建设是不行的，发展不起来。他说：“吸收外国资金肯定可以作为我国社会主义建设的重要补充，今天看来可以说是不可缺少的补充。当然，这会带来一些问题，但是带来的消极因素比起利用外资加速发展的积极效果，毕竟小得多。”[①] 在此，邓小平强调了利用外资对于加速发展的重要作用。特别值得注意的是，当时一些主要发达国家的经济正处于低速发展或负增长时期，1982 年国内生产总值增长率，美国为 2.5%，日本为 2.8%，联邦德国为 1.5%，英国为 1.1%，法国为 2.5%，意大利为 0.5%，加拿大为 3.2%，澳大利亚为 0.9%。[②] 邓小平认为，这是利用外国技术力量发展自己的一个机会。他说：“要扩大对外开放，现在开放得不够。要抓住西欧国家经济困难的时机，同他们搞技术合作，使我们的技术改造能够快一些搞上去。”[③] 在我国社会主义经济建设的历史上，同时具备以上五个有利条件的历史机遇，在 20 世纪 80 年代之前可以说还没有出现过。如果说“大跃进”以及其他几次冒进的主要教训就是以主观愿望代替了现实条件的话，那么，在 1983 年以后，我们就遇到了一个非常难得的跳上新台阶的有利时机。也就是说，是否具备快速发展的机会或条件，是健康的加速发展和主观的盲目冒进的首要的区别。

其次，是在发展内涵上的区别。以往的冒进，片面地追求指标和速度，忽略了结构和效益，指标上去了，但由于伤害了

① 《邓小平文选》第三卷，人民出版社 1993 年版，第 64～65 页。
② 《中国统计年鉴》，中国统计出版社 1989 年版，第 921 页。
③ 《中国统计年鉴》，中国统计出版社 1989 年版，第 921 页。

发展的机体与机制，效益却下来了，结果造成极大的人力、物力和财力的浪费，得不偿失。1958年的“大炼钢铁”就是这种“发展”的典型代表。1984年以后的加速发展则完全不同。在五年加速发展时期，邓小平就指出：“‘七五’期间，工农业总产值的年增长率定在7%左右，这是政治局常委一致同意的，执行中可能超过。7%的速度并不低。速度过高，带来的问题不少，对改革和社会风气也有不利影响，还是稳妥一点好。一定要控制固定资产的投资规模，不要把基本建设的摊子铺大了。一定要首先抓好管理和质量，讲求经济效益和总的社会效益，这样的速度才过得硬。”在南方谈话中他又指出：“我国的经济发展，总要力争隔几年上一个台阶。当然，不是鼓励不切实际的高速度，还是要扎扎实实，讲求效益，稳步协调地发展。”“那五年的加速发展，也可以称作一种飞跃，但与‘大跃进’不同，没有伤害整个发展的机体、机制。”[①] 可见，邓小平所说的加速，是受客观条件制约的加速；是与稳定、协调、效益紧密联系在一起的加速。

最后，是在发展态势上的区别。从表面上看，以往的冒进也呈现出“加速发展”的势头，如从1958年开始的三年“大跃进”，工农业总产值平均每年的增长速度达到18%，其中增长幅度最大的1958年竟达到了33%。这种发展速度，在我国社会主义经济建设史上还从未出现过。但是，由于这种速度完全脱离了客观实际的需要和可能，严重损害了发展的机体与机

① 《邓小平文选》第三卷，人民出版社1993年版，第143、375～377页。

制，所以，在经济大起之后，紧接着就是大落，1961 年工农业总产值比 1960 年下降了 23%。大起大落成为这种“冒进”的显著特征。1984 年以后的加速发展，则具有完全不同的发展态势。由于这一阶段的加速发展具备了五个方面的有利条件，又由于在发展过程中借鉴了以往盲目跃进的教训，所以，尽管在复杂的经济运行中也出现了一些严重的问题，但从总体上看，这些问题没有伤害到整个发展的机体与机制，在治理的过程中仍然继续保持了适度的发展。在三年治理整顿时期，我国的国民生产总值仍然以平均每年 6%的速度递增。到治理整顿的最后一年，按可比价格计算，国民生产总值的增长速度已经达到 7.7%。由此我们能够得出这样一个结论：以往的“冒进”，在发展过程中造成了“波峰”和“波谷”的巨大反差，甚至造成了负增长的局面，所以不得不在“波谷”进行大的调整；而 1984 年以后的加速发展和治理整顿的整个过程，则始终保持了向上发展的趋势。对于问题的治理，也不是在“波谷”，而是在台阶之上进行的。一个是“马鞍形”，一个是“上台阶”，这就是两种发展过程在态势上的根本区别。

可以肯定，作为中央第一代领导集体的重要成员和第二代中央领导集体的核心，邓小平对于这两种发展过程的根本区别，是有着深刻的体会和认识的。他的关于“台阶式”发展的思路，就是在汲取了我国社会主义经济建设历史上屡次盲目冒进的教训和总结了实行改革开放以来成功的发展经验的基础上提出来的。这个思路，在随后的实践中得到了进一步的检验。

二、宏观调控措施出台

◎第二轮加速发展

◎再次出现的经济过热现象

◎中央发布6号文件

◎朱镕基“约法三章”

螺旋式上升，是历史发展的规律。1983年至1988年的五年加速发展和其后三年的治理整顿，这种经济形势，在1992年以后，似乎又重现了。但是，这绝不是简单的重复。在邓小平“台阶式”发展思路的指导下，第三代中央领导集体审时度势，制定了一系列关于加快发展、深化改革和宏观调控的政策措施，使我国的经济形势出现了前所未有的新情况。

在邓小平南方谈话之后，根据邓小平的“台阶式”发展思路，以江泽民为核心的第三代中央领导集体开始酝酿新一轮加速发展的启动。1992年3月9日至10日，中共中央政治局在北京召开全体会议，讨论我国改革和发展的若干重大问题。会议强调，抓住当前的有利时机，努力发展自己，特别是把经济建设搞上去，对巩固和发展社会主义，有着特殊重要的意义。我们要认清形势，把握机遇，真抓实干，讲求效益，加快经济发展速度，力争几年上一个台阶。5月16日，中共中央政治局会议通过《中共中央关于加快改革，扩大开放，力争经济更好更快地上一个新台阶的意见》。这是中共中央为贯彻落实邓小平重要谈话精神而制定的第一个专题方案，作为1992年中央4号文件下发。文件指出，抓紧有利时机，加快改革开放步伐，力争经济更好更快地上一个新台阶，是当前全党的战略任务。关于加快改革的步伐，文件提出，为保证和促进企业经营机制的转换，必须加快配套改革的步伐：一是转变政府职能，二是建立和完善社会劳动保障体系，三是培育和发展市场体系。关于进一步扩大对外开放，文件提出了一些具体措施，包括以上海浦东开发为龙头，进一步开放长江沿岸城市；逐步开放沿边城市，形成周边的对外开放格局等。文件还提出了搞好政府机构改革、加强宏观调控能力的基本思路，包括：加强国家计委宏观调控的职能，减少具体事务；成立国家经贸委，协调日常经济工作；成立国务院农业和农村工作办公室，协调农口及有关部门的工作，等等。文件还提出了需要抓紧办好的几件大事。在党中央和国务院的领导下，我国在结束了治理整顿的任务之后，立即进入了新的加速发展时期。

从1992年开始的加速发展，取得了更为辉煌的成就。1992年至1996年的五年，我国国内生产总值平均每年以12.1％的速度递增，到1995年，就提前完成了“翻两番”的任务，到1996年达到67795亿元，比1991年增长77.1％，跃居世界第七位。在第一轮加速发展期间，我国提前实现了翻一番的目标，在第二轮加速发展期间，我国又提前实现了“翻两番”的战略目标。这一令世人瞩目的成就，可以说是对邓小平提出的“发展才是硬道理”这个论断的最有说服力的注解。

但是，新的五年加速发展的实践也再次证实了邓小平关于

"台阶式"发展思路的另一方面：加速发展的过程蕴涵着制约发展的因素，需要加以治理。从1992年年底到1993年，随着我国经济转型，经济生活中出现了"三乱两热"现象，即乱集资、乱拆借、乱设金融机构，以及房地产热、开发区热等问题，引起投资规模迅速膨胀。需求的膨胀带来了通货的膨胀，通货膨胀率很快上升到两位数。居民储蓄余额也出现了改革开放以来第一次负增长。这种情形，似乎是1988年的"四过一乱"现象的重现。

但是，这一轮的加速发展所出现的经济"过热"与80年代的经济过热有一个根本的区别，即对于这种过热现象的预见性大大地提高了。1992年4月4日，江泽民给中央常委写了一封信，指出：邓小平同志视察南方的重要谈话传达后，广大干部和群众衷心拥护，积极性大为提高，形势很好。现在重要的问题，是要善于把干部和群众高涨的劲头和积极性引导好、保护好、发挥好。在全面贯彻落实邓小平同志重要谈话精神的过程中，思想要解放，胆子要大，而步子要扎实，工作要过细；要抓紧有利时机，力争实现和保持比较高的发展速度，但是务必结合各地区、各部门的实际，区别不同情况，具体加以落实；要在深化改革上狠下功夫，避免只在扩大投资规模上做文章，以防止出现新的重复建设和产品积压。

可以看出，在这一轮加速发展刚刚启动的时候，江泽民就考虑到了如何在加速发展的同时避免经济过热的问题。

此后，江泽民和中央其他主要领导人多次在不同场合谈及这个问题。1992年10月，党的十四届一中全会结束后，江泽民在有各地区、各部门主要负责同志参加的经济情况通报会上指出，要对经济形势有个总体把握，加强预见性，注意及时发现问题，并尽可能把它们解决在萌芽状态，不要使之积累成大问题，影响全局。1992 年 12 月 14 日～18 日，国务院在北京召开全国计划会议。会议的中心议题是，认真贯彻落实中共十四大精神，研究确定 1993 年改革开放和经济建设的任务，安排好国民经济和社会发展计划，并就“八五”计划的必要调整交换意见。这次计划会议改变了过去偏重于定指标、分投资、分物资的作法，重点放在正确分析当前经济形势与明年发展趋势和国内外市场环境，合理确定宏观经济目标、发展重点和重大建设项目，以及相应的方针政策和改革措施，引导资源合理配置和市场的健康运行。江泽民在会上指出，当前经济形势很好，全国上下生机勃勃。同时一定要正视好形势下出现的一些必须解决的问题，扎扎实实地进行工作，防止发生经济过热现象，保证国民经济又好又快地向前发展，力争隔几年上一个新台阶，不断增强我国的经济实力和综合国力，这样才是真正积极地、正确地贯彻执行党的十四大和小平同志重要谈话的精神。李鹏在讲话中强调，社会主义市场经济包括了市场和计划两种调控手段，必须十分重视培育和发展各类市场，发挥市场在资源配置中的基础性作用。同时，也必须加强和改进国家宏观调控，改革计划管理，更好地发挥市场和计划两种手段的作用。

邓小平也提出了在加速发展的同时要注意稳妥、避免损失的问题。1993 年 1 月 22 日，邓小平在上海对上海党政军负责同志说，上海工人阶级长期以来一直是中国工人阶级的带头羊。希望你们不要丧失机遇。对于中国来说，大发展的机遇并不多。中国与世界各国不同，有着自己独特的机遇。比如，我们有几千万爱国同胞在海外，他们对祖国做出了很多贡献。邓小平充分肯定了上海的工作，指出，上海人民在1992年做出了别人不能做到的事情。当然，走一步，回头看一下是必要的。要注意稳妥，避免损失，特别要避免大的损失。回头总结经验，改正缺点就是了。他还说，实践证明，以江泽民为核心的党中央领导集体工作做得是好的，是可以信任的。在这里，邓小平在进一步强调抓住发展机遇的同时，也强调了“走一步，回头看一下是必要的”，要及时总结经验，发现问题。

4月1日，在中央召开的有各省、市、自治区负责人参加的经济情况通报会上，江泽民引用邓小平的这个意见，说明总结经验教训、加强宏观调控的必要性。江泽民说，当前国内形势和国际环境为加快改革和发展提供了难得的机遇。对于这样难得的历史机遇，我们大家的认识是一致的。正如小平同志今年春节在上海指出的：“对于中国来说，大发展的机遇并不多。”我们在形势和机遇问题上，应当有这样的态度：要有时代的紧迫感，抓住机遇；要有历史的责任感，珍惜机遇；要有科学的态度，用好机遇。

他强调，抓住机遇，加快发展，必须从中国当前的实际情况出发，坚持做到解放思想和实事求是相统一。小平同志指出：“走一步回头看一下是必要的，要注意稳妥，避免损失，特别要避免大的损失。”这就要求我们，不仅要有高度的热情，同时要有求实的精神。我们要注意认真总结历史的经验教训，特别是要注意汲取历史上造成几次较大经济波折的经验教训，善于掌握带有规律性的东西。力求在经济建设上，既保持一个较快的增长速度，又争取有一个较为合理的经济结构、产业结构，实现速度和效益的同步增长；既坚持微观放开搞活，又加强宏观调控，实现总量的基本平衡；既抓好沿海地区和重点行业的发展，又考虑到中西部地区和其他行业的发展。总之，就是要做到既加快发展，尽力而为，又从实际出发，量力而行。在发展速度上，中央一再强调，不搞一刀切。经济发展一定要从客观实际出发，有条件的能搞多快就搞多快，暂时没有条件加快发展的不要勉强。只要我们思想上认识到了，工作上努力了，就有可能及早解决经济发展中处于萌芽状态的问题。虽然小的波动不可避免，但大的起伏是可以避免的。中央提出防止经济过热，就是为了提醒大家注意稳妥，避免大的起伏，避免大的损失，把经济发展的好势头保持下去。这才是全面、正确、积极地贯彻小平同志几次谈话精神的应有态度。

江泽民的这篇谈话，以《当前经济工作》为题，首先由香港《紫荆》杂志 1993 年 6 月号刊载。

1993 年 5 月 19 日夜，江泽民给国务院领导同志写信，在信中强调指出，对于经济中存在的突出问题，要抓紧时机解决，否则，解决问题的时机就会稍纵即逝，倘若问题积累，势必酿成大祸。[①] 6 月 24 日，中共中央、国务院下发了著名的 6

① 《驾驭全局，平稳“着陆”》，见《光明日报》1997 年 8 月 11 日。

号文件，即《中共中央、国务院关于当前经济情况和加强宏观调控的意见》。文件指出，我国经济在继续大步前进中，也出现了一些新的矛盾和问题，某些方面的情况还比较严峻。一是货币过量投放，金融秩序混乱；二是投资需求和消费需求都出现膨胀的趋势；三是财政困难状况加剧；四是由于工业增长速度越来越快，基础设施和基础工业的“瓶颈”制约进一步强化；五是出口增长乏力，进口增长过快，国家外汇结存下降较多；六是物价上涨越来越快，通货膨胀呈现加速之势。上述情况表明，当时的宏观经济环境已经绷得很紧，有些矛盾和问题还在继续发展，如果不抓住时机，进一步深化改革，抓紧实施宏观调控措施，势必导致社会供需总量严重失衡，通货膨胀进一步加剧，甚至会引起经济大的波动，影响社会安定。文件提出了一系列加强和改善宏观调控的措施，其中包括：

（一）严格控制货币发行，稳定金融形势；

（二）坚决纠正违章拆借资金；

（三）灵活运用利率杠杆，大力增加储蓄存款；

（四）坚决制止各种乱集资；

（五）严格控制信贷总规模；

（六）专业银行要保证对储蓄存款的支付；

（七）加快金融改革步伐，强化中央银行的金融宏观调控能力；

（八）投资体制改革要与金融体制改革相结合；

（九）限期完成国库券发行任务；

（十）进一步完善有价证券发行和规范市场管理；

（十一）改进外汇管理办法，稳定外汇市场价格；

（十二）加强房地产市场的宏观管理，促进房地产业的健康发展；

（十三）强化税收征管，堵住减免税漏洞；

（十四）对在建项目进行审核排队，严格控制新开工项目；

（十五）积极稳妥地推进物价改革，抑制物价总水平过快上涨；

（十六）严格控制社会集团购买力的过快增长。

以这个充满了改革精神的文件发布为标志，我国经济在加速发展的同时，宏观调控的力度也加大了。

但是，建立社会主义市场经济体制，究竟还要不要国家对宏观经济的调控？对于这个问题，在理论界和在实际经济工作部门，是存在着分歧的。因此，中央关于宏观调控的政策和措施，在实际执行过程中遇到了阻力。为了冲破这种阻力，中央反复强调了加强宏观调控的必要性。1993 年 7 月，中央接连召开了全国金融工作会议、全国财政工作会议和全国税务工作会议。根据江泽民的意见，朱镕基在这些会议上向金融、财政、税务行业的工作人员分别提出了“四句话”和“约法三章”。

对于金融工作的“四句话”是：“整顿金融秩序，严肃金融纪律，推进金融改革，强化宏观调控。”

对于财税工作的“四句话”是：“整顿财税秩序，严肃财经纪律，强化税收征管，加快财税改革。”

对于金融行业的“约法三章”是：

第一，立即停止和认真清理一切违章拆借，已违章拆出的资金要限期收回；

第二，任何金融机构不得擅自或变相提高存贷款利率；

第三，立即停止向银行自己兴办的各种经济实体注入信贷资金，银行要与自己兴办的各种经济实体彻底脱钩。

对于财税部门的“约法三章”是：

第一，严格控制税收减免；

第二，严格控制财政支出，停止向银行挂账；

第三，今后财税部门及所属机构，未经中国人民银行批准，一律不准涉足商业性金融业务。朱镕基语重心长地说：

> 我们身上肩负着很重要的任务：“四句话”、24个字和“约法三章”。这些任务的完成难度都很大，我充分估计到了这个难度。那末，任务怎么样才能完成呢？就是各级领导班子要以身作则，只有自己以身作则，才能够严格要求部下。自己不能勤政，又不廉政，吃吃喝喝，乱批条子，任人唯亲，到处搞关系，把国家财产不当一回事，你还坐在讲台上面作报告，下面能不骂你？更不会照你说的去做。你也不敢处理一个人，就只能搞点福利主义，给大家发点奖金，形成一种庸俗的机关作风，这要害死人的。所以，必须从我们自己着手。自己带头，为人表率，才能有真正的廉政建设，才能真正遵守“约法三章”。大家一定要加强思想政治教育，坚持基本路线一百年不动摇，坚持四项基本原则，坚持改革开放，两手都要抓，两手都要硬。同志们，我在这里讲的，如果我自己做不到，请同志

们检举、揭发。如果我自己做不到，我绝对不要求大家。如果你们发现我有不廉政、不勤政的问题，你们可以检举、揭发。但是我也要求大家，你们自己一定要以身作则，“约法三章”你们首先要做到。我相信，只要大家团结起来，同舟共济，认真贯彻《中共中央、国务院关于当前经济情况和加强宏观调控的意见》的文件精神，我国的大好形势就会继续得到发展。①

为了进一步统一全党的认识，圆满实现宏观调控的目标，1993 年 9 月 28 日，江泽民在中共十四届五中全会上对于宏观调控的必要性又作了深刻的阐述。他指出：

要使我国经济富有活力和效率，必须充分发挥市场机制的作用，这是改革开放以来所积累的重要经验。……同时要看到，市场也存在着自发性、盲目性和滞后性的一面，国家必须对市场活动加以正确的指导和调控。我国是发展中的大国，又处在经济体制转轨、产业结构升级和经济快速发展的时期，加强和改善宏观调控尤为重要。②

在这次会议上，江泽民十分强调地提出了党的高级干部首先是省委书记、省长和部长，中央委员和中央政治局委员，一定要讲政治的问题。显然，这时候提出讲政治的问题，在很大

① 《十四大以来重要文献选编》(上)，人民出版社 1996 年版，第 371 页。
② 《十四大以来重要文献选编》(中)，人民出版社 1997 年版，第 1468 页。

程度上是为了保持全党在经济方针和政策上的一致，争取实现经济建设方面“高增长、低通胀”的目标。几个月后，江泽民更为明确地说明了这个问题。1996年3月1日，江泽民在参加八届全国人大四次会议、全国政协八届四次会议的党员负责同志会议上指出：

党的十一届三中全会确定以经济建设为中心，这是我们党在深刻总结历史经验基础上作出的战略决策，实践已经充分证明这个决策是完全正确的。经济是基础，解决中国的所有问题，归根结底要靠经济的发展。从这个意义上说，集中精力把经济搞上去，实现中国的现代化，本身就是最大的政治。……我们要求领导干部讲政治，绝不会影响经济的发展，更没有任何意思要去以政治代替经济，恰恰相反，而是为了创造更加充分的政治条件和提供更强有力的政治保证，确保全国人民一心一意把经济建设更好更快地搞上去。①

三、实现“软着陆”

◎在宏观调控上历史性的进步

◎具有关键作用的“时间差”

① 《十四大以来重要文献选编》（中），人民出版社1997年版，第1744～1745页。

在中央的正确领导下，宏观调控取得了显著成效。从1995年开始，物价涨幅回落，到1997年上半年，全国商品零售价格涨幅从1994年21.7%的高位，回落到1.8%。而国内生产总值的增长在1996年达到9.7%。既保持了经济高速发展的势头，又将通货膨胀率控制在合理的范围之内，这种成功的“软着陆”，不仅在中国经济史上是第一次，在世界经济史上也是罕见的。

这一次宏观调控，相对于三年治理整顿来说，至少在以下两个方面取得了较大的进步：

其一，调控或治理的手段不同。在三年治理整顿时期，为了迅速控制正在蔓延的混乱现象，将国民经济的运行纳入正常的轨道，中央不仅采取了各种经济措施，而且还过多地动用行政的、带有强制性的手段，在一定程度上恢复了计划体制时期的一套调控宏观经济的做法。在新的调控机制尚未建立起来的时候，以以往惯用的强制性的行政手段来遏止混乱现象的蔓延，是一种迫不得已的、也是唯一的抉择。但过多地使用行政的、带有强制性的手段，难免会给企业的生产、经营带来一些困难。1989年出现的市场疲软，就是因为刹车过猛造成的。而1993年以后的宏观调控，则以经济的、法律的手段为主，辅之以必要的行政手段。中共中央、国务院在1993年6号文件中提出了16条宏观调控措施，国务院副总理朱镕基指出：其中13条是采用经济手段，不是“走老路”。他说：

我们是把解决当前经济工作中存在的问题，作为加速建设社会主义市场经济的动力，力求通过加快形成社会主义市场经济体制的办法，来解决当前经济发展中出现的问题。[①]

这种以经济手段为主的宏观调控，不仅可以有效地解决当时的经济问题，而且还有利于继续增强微观经济活力和市场体制作用的充分发挥，保持经济发展的势头。

其二，调控或治理的时效不同。在五年加速发展和三年治理整顿时期，从发现问题的严重性到采取必要的措施加以治理，都具有一定的滞后性。表现在发展过程上，就有了加速发展和治理整顿两个阶段的划分。而1992年以后的加速发展和宏观调控，不论在加速发展的启动还是在宏观调控措施的制定上，预见性大大地加强了。正因为如此，中央才能够及时发现问题并及时采取措施加以解决。这种时效性，表现在发展过程上，就出现了加速发展与宏观调控从1993年以后相互交叉在一起的新情况，二者同步前进，最终实现了“软着陆”。

特别值得注意的是，在中央1993年六号文件中的13条经济措施中，有11条是金融方面的措施。这种情况说明，在建立社会主义市场经济体制的条件下，金融已经成为我国经济的核心，成为保持“高增长，低通胀”势头的关键环节。1997年8月14日，在国务院新闻办公室举行的中外记者招待会上，中国人民银行行长戴相龙介绍了我国五年来金融业改革的基本情况。他说，五年来，我国金融业在改革中稳步、健康地发

① 《十四大以来重要文献选编》(中)，人民出版社1997年版，第346页。

展，主要表现在以下五个方面：

一是金融宏观调控能力明显加强。实行适度从紧的货币政策，运用各种货币政策工具调节货币供应量，使广义货币（M2）增长从1994年的34.4％，降到1996年的25.3％，1997年降到20％以内。货币供应增长过猛的势头得到有效控制，对治理严重的通货膨胀起到了重要作用。

二是金融监管工作有重大改进。已经形成中央银行法、商业银行法、保险法、票据法等金融法律体系，对金融机构的市场准入、日常管理明显加强，银行与信托、证券分业管理，金融秩序好转。

三是金融体制改革不断深入。原国家专业银行划分为国家政策性银行和国有独资商业银行；在100个城市成立城市合作银行。农村信用社正在逐步改革成合作金融组织。建立了外汇市场、同业拆借市场，试办公开市场业务。实现了人民币经常项目下可兑换。

四是金融业对外开放扩大。引进外资金融机构已扩大到23个城市和海南省，目前已有161家营业性金融机构，资产330亿美元，允许外资银行试办人民币业务。

五是金融业务不断创新，金融资产不断扩大。截至1997年6月底，全国各类金融机构总资产为13.28万亿元，比1997年初增加6800亿元，比1990年增加近10万亿元。1990年到1996年，全国金融机构总资产每年递增24.4％。金融业在加强宏观调控和支持国民经济发展中发挥着越来越大的作用。

下面我们会看到，1993年以后金融业的改革和发展，为防范和化解1997年的亚洲金融风暴对中国的侵袭，奠定了基础。

对于1993年以后宏观调控的功绩，朱镕基给予了很高的评价。1999年3月15日，他在九届全国人大二次会议举行的记者招待会上说：

> 1993年下半年开始采取加强宏观调控的措施，当时正是中国加大改革开放力度，取得巨大成就的时候。与此同时也出现了某种程度的过热，就是在房地产、开发区、股票市场方面出现了过热现象。这种过热导致1994年通货膨胀达到21.7%。当时邓小平同志还在世，在他的支持下，以江泽民同志为核心的党中央决定加强宏观调控，采取了16条措施，其中13条是经济措施，有11条是关于金融方面的。由于加强了宏观调控，使中国在两年多一点的时间解决了经济过热问题，改革开放和社会主义建设取得了很大成绩。去年中国之所以能够抵御亚洲金融危机的冲击，就是因为我们在1993年已经发生了这种金融问题，幸好我们在它还未扩大的时候就把它制止住了。我们有了宏观调控的经验，才使我们在去年的亚洲金融危机中站得笔直。

当中国的经济在亚洲金融危机的冲击下站稳了脚跟时，有人曾问朱镕基：你们中国为什么没有发生金融危机？朱镕基回答说：我们早就经历过了，1992年、1993年已经发生过了，那时候我们的房地产热、股票热、开发区热相当厉害。朱镕基的这段话说明，1992 年、1993 年所发生的金融问题，以及随之采取的宏观调控，实际上是及时、妥善地解决处于萌芽状态的金融危机的一次实战演习。有了这一次的经验，我们对于金融危机的警觉性大大提高了，解决和处理的方法和手段也更为丰富、有效了。

在亚洲金融危机爆发的前一二年，中央就一再强调防止和化解金融风险的问题。1996 年年初的全国金融工作会议就提出，加大金融监管力度，切实防范金融风险，维护金融业的合法稳健运行，是 1996 年金融工作的主要任务之一。1997 年年初的金融工作会议再次把防止和化解金融风险当作 1997 年金融工作的主要任务。朱镕基在会议上要求中国人民银行要以高度的历史责任感和使命感，进一步依法加强金融监管，切实做好防范和化解金融风险的工作。此时，离亚洲金融危机的爆发还有半年的时间。

当时，在金融工作方面，银行资金违规进入股票市场是一个十分严重的问题。其主要表现：第一，一些商业银行及其分支机构置《商业银行法》于不顾，直接用银行资金购买股票，或者在办理证券交易资金清算和新股认购资金冻结业务时，给券商和新股申购者提供透支；第二，一些企业以生产经营名义申请银行贷款，但并不把贷款用于生产，而是用来买卖股票，有的上市公司甚至大量挤占银行贷款炒作本公司的上市股票；第三，一些证券经营机构通过证券交易所开办的证券回收业务，套取银行短期资金，或者从场外超限期、超比例拆入资金，用于股票市场投机。这些严重的违规炒作，使得股票市场的投机风险引入到银行体系，危及我国整个银行业的安全。

针对这种情况，根据“防范和化解金融风险”的精神，1997年6月5日，中国人民银行发出《关于禁止银行资金违规流入股票市场的通知》。通知指出：近年来，银行资金通过各种方式违规流入股市，助长股市投机行为，扰乱了金融秩序，加大了金融风险。为严格禁止银行资金通过各种方式违规流入股市，防范金融风险，中国人民银行严禁各商业银行及其分支机构从事信托投资和股票业务；所有商业银行停止在证券交易所和各地证券交易中心的证券回购及现场交易；中国人民银行各分行要严格管理商业银行与信托投资公司、证券公司以及非银行金融机构之间的拆借业务；严格禁止证券交易透支行为；严格客户保证金管理；企业不得占用贷款买卖股票；中国人民银行各级分行要严肃查处各种违规行为等七个方面作出具体规定，加以限制。这个文件的发出，距离亚洲金融危机的爆发仅有一个月时间了。但这一个月的时间极其宝贵，它使我们能够以较规范的金融市场从容应对一场酝酿已久的亚洲金融危机。

当亚洲金融危机爆发以后，国内外普遍关注中国的经济形势。显然，如果中国在这股突如其来的金融风暴中站不住脚，这场危机就不仅对整个亚洲，甚至对全世界的经济都会造成严重的冲击。但是，有了1992年、1993年开始的宏观调控的经验，有了几年来金融改革的成果，中国政府对于抵御这场风暴，一开始就充满了信心。在1997年8月14日上午国务院新闻办公室举行的中外记者招待会上，中国人民银行行长戴相龙介绍了当前中国的金融形势，并就金融运行中的有关问题回答了记者的提问。戴相龙说，中央银行将坚持执行适度从紧的货币政策，同时要适当调节宏观调控的力度，改进金融服务，促进国民经济持续、快速、健康发展。中央银行将主要从三个方面采取措施，保证国民经济持续、快速、健康发展。一是合理掌握贷款增量。国家银行要严格控制信贷规模，切实加强现金管理。同时，要安排好产品有市场、有效益、还款付息能力有保证企业的流动资金贷款，支持产品有市场、经济效益好的在建工程加快建设进度，适当扩大科技贷款的投入。二是加大对经济结构调整的力度。对一些效益好的、还款付息有保证的基础建设项目，可由借外债改为适当增加人民币贷款。积极按条件发放“安居工程”贷款，适当增加居民购房抵押贷款，促进中低档商品房的销售。支持企业横向联合，培育企业集团，支持经济区内大型企业的战略性改组。按照有关法规用好国家银行呆账准备金，支持企业兼并、破产和再就业。三是及时研究和完善信贷政策。国有独资企业银行在重点支持国有企业的同时，也要按信贷和产业政策，支持在市场中有竞争能力的中小企业的发展。戴相龙强调，为防范和化解金融风险，创造良好的金融环境，中央银行将进一步加强对金融机构的监管力度，坚决取缔非法设立的金融机构和非法金融活动，防范和打击各种金融犯罪活动。

1997 年 11 月 17 日至 19 日，中共中央和国务院在北京召开全国金融工作会议。这是在防范和化解亚洲金融危机对我国的侵袭、继续保持“高增长，低通胀”发展势头的关键时刻召开的一次非常重要的会议。这次会议的目的是，正确估量当前经济、金融形势，充分认识进一步深化金融改革和整顿金融秩序、防范和化解金融风险的重要性和紧迫性，明确做好这项工作的总体要求、指导原则、主要任务和重要措施。会议指出，金融是现代经济工作的核心，是国民经济持续、快速、健康发展的基本条件。必须以邓小平理论和党的十五大精神为指导，按照建立社会主义市场经济体制的方向，深化和加快金融改革，进一步整顿和规范金融秩序，建立健全符合我国国情的现代金融体系和金融制度，引导金融业健康发展，保证金融安全、高效、稳健运行。要求力争用3年左右时间大体建立与社会主义市场经济发展相适应的金融机构体系、金融市场体系和金融调控监管体系，显著提高金融业的经营和管理水平，基本实现全国金融秩序明显好转。会议强调，要从根本上解决金融领域存在的问题，开创金融改革和发展的新局面，必须根据社会主义市场经济发展的要求，强化人民银行的金融监管职能，加快国有银行商业化步伐，并健全多层次、多类型金融机构体系；必须依法治理金融，规范和维护社会主义市场经济的金融秩序，严厉惩治犯罪和违法违规活动，把一切金融活动纳入规范化、法制化轨道；必须加快经济体制和经济增长方式“两个根本转变”，为金融良性循环创造好的经济环境，特别是要加快国有企业改革，建立政企分开的投资体制，加大经济结构调整力度，坚决避免“大而全、小而全”和不合理的重复建设。

会议结束后，《人民日报》发表了题为《努力开创金融改革和发展新局面》的社论。社论指出：党的十五大后，党中央、国务院把进一步深化金融改革和整顿金融秩序放在突出位置，作为经济工作的一项重要任务，这是通观全局、审时度势作出的重大决策和战略举措。社论的这段话，充分说明了1997年经济工作的一个突出的特点，即牢固地确立了金融在我国经济中的核心地位。抓住了这个核心，也就为保持“高增长，低通胀”的发展态势提供了基本的保证。

第三章

中共十五大：面向新世纪的中国共产党宣言

继往开来——1997 年的中国

1997年9月12日至18日，中国共产党第十五次全国代表大会在北京召开，江泽民在大会上作了《高举邓小平理论伟大旗帜，把建设有中国特色社会主义事业全面推向21世纪》的政治报告，对建设有中国特色社会主义的一系列重大理论和实际问题作出了科学回答，对世纪之交的中国经济社会发展作出了战略部署。这是中国共产党面向新世纪的政治宣言。这次大会作为一次承前启后、继往开来、具有特殊意义的会议而载入史册。

一、世纪盛会的前前后后

◎从十四届六中全会到中央党校“5·29”讲话

◎承前启后继往开来的世纪盛会

召开党的十五大这一世纪之交的盛会，中共中央是经过长时间的精心准备的。早在1996年10月10日党的十四届六中全会上，就对十五大召开的有关问题作出了决定。这次全会决定党的十五大于1997年下半年在北京举行；这次大会的代表名额为2050名；出席这次大会的代表，由各省、自治区、直辖市，中央直属机关、中央国家机关，解放军和武警部队党组织，按照党章规定和中央的要求选举产生。代表应是共产党员中的优秀分子。代表的构成应具有广泛性。中央全会号召，党的各级组织和全体共产党员，紧密团结在以江泽民同志为核心的党中央周围，高举建设有中国特色社会主义的伟大旗帜，坚定不移地贯彻执行党的基本路线，团结全国各族人民，艰苦奋斗，开拓进取，扎实工作，以优异成绩迎接党的第十五次全国代表大会的胜利召开。全会后不久，中共中央专门分专题组织了大批调研组分赴全国各地进行了深入调查，成立了党的十五大报告起草小组，从而有条不紊地展开了十五大的各项准备工作。

1996 年 12 月 11 日，江泽民接见了党的十五大报告起草小组的全体成员，并发表了重要指示。江泽民指出，大会的报告要紧紧扣住高举邓小平理论伟大旗帜，把建设有中国特色社会主义事业全面推向 21 世纪这个主题，阐明世纪之交中国共产党和中国人民面临的形势和任务，动员全党和全国各族人民，振奋精神，同心同德，全面实现第二步战略目标，坚定不移地向第三步战略目标迈进，到 21 世纪中叶，把中国建设成为一个富强、民主、文明的社会主义国家。江泽民同志说，十一届三中全会以来，中国共产党召开了三次全国代表大会，回答了在中国建设社会主义的一系列重大问题。我们党已经形成了邓小平理论，形成了社会主义初级阶段的“一个中心、两个基本点”的基本路线，确定了建立社会主义市场经济体制的改革目标，制定了现代化建设分三步走的战略部署。他说，回顾过去，是为了展望未来。十五大报告要回顾一百年，回顾五十年，回顾改革开放以来的二十年，特别是要总结十四大以来的五年。要展望下个世纪的前五十年，进一步描绘到新中国成立一百周年时我国经济和社会发展的宏伟蓝图。1997 年 1 月 1 日，江泽民同志在全国政协举行的新年茶话会上指出：1997 年将是我们党和国家发展史上不寻常的一年。我们党将召开第十五次全国代表大会，我国政府将恢复对香港行使主权。这是两件举世瞩目的大事。1 月 17 日，江泽民第二次接见了十五大报告起草小组的全体成员，并在谈话中重点讲了有关经济体制改革的十个问题。江泽民说，公有制为主体，多种所有制经济共同发展，是我国社会主义初级阶段的一项基本经济制度。这项制度需要通过改革不断完善和发展，这是经济体制改革的一项重大任务，任何情况下也不能动摇。江泽民指出，在坚持公有制为主体的前提下，一切符合“三个有利于”的所有制形式都可以而且应该用来为社会主义服务。公有制经济要寻找能够极大地促进生产力发展的实现形式。股份制是现代企业的一种资本组织形式，资本主义可以用，社会主义同样可以用。目前广大城乡出现了劳动者的劳动联合和资本联合为主的股份合作制形式，这是中国经济发展实践中出现的新事物，应以积极的态度予以支持。江泽民强调，确立以公有制为主体、多种经济成分共同发展的所有制格局并使之进一步展开，十分重要。十一届三中全会以来，我们党真正走出了一条正确的路子，消除了过去由于所有制关系不合理造成的对生产力的羁绊，大大解放和发展了生产力。全党应深刻认识这个经验。

2 月 19 日，一代伟人邓小平在北京逝世。国际国内更加关注党的十五大的态势。

1997年5月29日，江泽民出席中共中央党校省部级干部进修班毕业典礼，并在典礼上发表了重要讲话，即后来党史国史界惯称的“5·29讲话”。这次讲话，既是对邓小平去世后中国向何处去的回答，也是对十五大的指导方针和所要阐述的有关重大问题第一次向党的高级干部作的思想酝酿。

江泽民在讲话中重点阐述了四个方面的问题：关于邓小平建设有中国特色社会主义理论，关于社会主义初级阶段，关于经济发展和经济体制改革，关于党的建设。江泽民指出：在社会主义改革开放和现代化建设的新时期，在跨越世纪的新征途上，一定要高举邓小平建设有中国特色社会主义理论的伟大旗帜，用这个理论来指导我们的整个事业和各项工作，这是党从历史和现实中得出的不可动摇的结论。江泽民强调：旗帜问题至关重要。旗帜就是方向，旗帜就是形象。在邓小平同志逝世后，我们全党特别是高级领导干部在这个问题上尤其要有高度的自觉性和坚定性，无论遇到什么困难，什么风险，都不能动摇。邓小平建设有中国特色社会主义理论作为马克思主义同当代中国实践和时代特征相结合的产物，是毛泽东思想在新的历史条件下的继承和发展，是当代中国的马克思主义，是马克思主义在中国发展的新阶段。为什么这样说呢？第一，这个理论坚持解放思想、实事求是，在新的实践基础上继承前人又突破陈规，开拓了马克思主义的新境界。第二，这个理论坚持科学社会主义理论和实践的基本成果，抓住搞清楚“什么是社会主义、怎样建设社会主义”这个基本理论问题，深刻地揭示社会主义的本质，把对社会主义的认识提高到新的科学水平。第三，这个理论坚持用马克思主义的宽广眼界观察世界，对当时时代特征和国际形势变化进行正确分析，作出新的科学判断。第四，总起来说，这个理论总结近20年我国改革开放和社会主义现代化建设的新鲜经验，总结新中国成立以来我国社会主义发展成功和失误的历史经验，总结国际经验，第一次比较系统地初步回答了中国这样经济文化比较落后的国家如何建设社会主义、如何巩固和发展社会主义的一系列基本问题，形成了新的建设有中国特色社会主义理论的科学体系。在当代中国只有这个理论而没有别的理论能够解决社会主义的前途和命运问题。

"5·29讲话"之后，十五大报告起草小组又广泛征求了大家对报告草稿的意见，集中了全党的智慧，再经过认真修改，终于完成了这篇面向新世纪的中国共产党宣言。

9月12日上午9时，中国共产党第十五次全国代表大会在北京隆重开幕。李鹏主持大会，乔石、李瑞环、朱镕基、刘华清、胡锦涛等2074名代表出席。江泽民向大会作了题为《高举邓小平理论伟大旗帜，把建设有中国特色社会主义事业全面推向21世纪》的报告。报告分十个部分：

（一）世纪之交的回顾与展望；

（二）过去五年的工作；

（三）邓小平理论的历史地位和指导意义；

（四）社会主义初级阶段的基本路线和纲领；

（五）经济体制改革和经济发展战略；

（六）政治体制改革和民主法制建设；

（七）有中国特色社会主义的文化建设；

（八）推进祖国和平统一；

（九）国际形势和对外政策；

（十）面向新世纪的中国共产党。

江泽民的报告指出，这次大会的主题是高举邓小平理论伟大旗帜，把建设有中国特色社会主义事业全面推向 21 世纪。旗帜问题至关重要。旗帜就是方向，旗帜就是形象。坚持十一届三中全会以来的路线不动摇，就是高举邓小平理论的旗帜不动摇。邓小平同志逝世后，全党在这个问题上尤其要有高度的自觉性和坚定性。确定这样的主题，是时代的要求，人民的愿望。在当代中国，只有把马克思主义同当代中国实践和时代特征结合起来的邓小平理论，而没有别的理论能够解决社会主义的前途和命运问题。因此，中央建议大会在党章中把邓小平理论同马克思列宁主义、毛泽东思想一起确立为党的指导思想。

报告指出，我们这次大会的灵魂，就是高举邓小平理论的伟大旗帜。十五大无疑将以这一点为标志载入史册。报告系统完整地提出并论述了党在社会主义初级阶段的基本纲领，而且明确规定：建设有中国特色社会主义的经济，就是在社会主义条件下发展市场经济，不断解放和发展生产力；建设有中国特色社会主义的政治，就是在中国共产党领导下，在人民当家做主的基础上，依法治国，发展社会主义民主政治；建设有中国特色社会主义的文化，就是以马克思主义为指导，以培育有理想、有道德、有文化、有纪律的公民为目标，发展面向现代化、面向世界、面向未来的，民族的、科学的、大众的社会主义文化。报告根据邓小平理论和党的基本路线，对我国跨世纪的现代化建设事业作出了战略部署。报告指出，调整和完善所有制结构，进一步解放和发展生产力，是经济体制改革的重大任务。深化经济体制改革，必须全面认识公有制经济的含义，公有制经济不仅包括国有经济和集体经济，还包括混合所有制经济中的国有成分和集体成分；公有制实现形式可以而且应当多样化，一切符合“三个有利于”的所有制形式都可以而且应该用来为社会主义服务。报告强调，实现现代化建设的战略目标和各项任务，把我们的事业全面推向21世纪，关键在于坚持、加强和完善党的领导，进一步把党建设好。

中国共产党的十五大，是在世纪之交中国改革开放和社会主义现代化建设发展的关键时期召开的一次承前启后、继往开来的大会；是高举邓小平理论伟大旗帜，保证全党继承邓小平同志遗志，坚定不移地沿着十一届三中全会以来正确路线胜利前进的大会；是动员全党和全国各族人民团结奋斗，把建设有中国特色社会主义事业全面推向21世纪的大会。

二、旗帜就是方向，旗帜就是形象

◎我们为什么需要一面旗帜？

◎邓小平理论的历史超越

◎以理性推动中国

邓小平逝世以后的中国，举什么旗，走什么路，是国内外舆论最关心的问题，也是当时中国最根本的政治问题。中共十五大庄重地宣布：“旗帜问题至关紧要。旗帜就是方向，旗帜就是形象。坚持十一届三中全会以来的路线不动摇，就是高举邓小平理论的旗帜不动摇。”这一宣示，顺党心合民意，在党内党外、国内国外产生了强烈的反响。

旗帜问题为什么至关紧要？江泽民在十五大报告中指出：“旗帜就是方向，旗帜就是形象。”方向是一个政党选择和确定的道路及其目标，形象是一个政党展现给外界的风貌以及外界对它的印象和评价，两者互相联系，体现着一个政党的指导思想。马克思、恩格斯当年极为认真地对待《哥达纲领》，就因为“一个新的纲领毕竟是一面公开树立起来的旗帜，而外界就根据它来判断这个党”。毛泽东同志年轻时为了寻找救国的真理，说过“主义譬如一面旗子，旗子立起了，大家才有所指望，才知所趋赴”。他们讲的“旗帜”或“旗子”都是一种形象化的说法，内容都同党的纲领或作为指导思想的“主义”相联系。中共在七大确立毛泽东思想为党的指导思想时，主席台上方的红色横幅上写的就是“在毛泽东的旗帜下胜利前进”。旗帜问题的实质，就是由方向和形象体现的党的指导思想问题，由此而决定了旗帜问题的至关重要性。

中共自建立之日起，就以自己的党名和纲领表明它是一个以马列主义为指导思想的党。党的七大通过历史经验的总结，进一步把毛泽东思想这一中国化的马克思主义作为党的指导思想。党的十一届三中全会后，在邓小平理论这一当代中国的马克思主义形成和发展过程中，全党越来越深刻认识到邓小平理论是我们党领导改革开放和现代化建设的指导思想。中共十三大在第一次提出“建设有中国特色的社会主义理论”这一概念、阐述这一理论的轮廓的同时，把这一理论同“旗帜”联系了起来。指出这一理论“是扎根于当代中国的科学社会主义”，“是全党同志和全国人民统一认识、增强团结的思想基础，是指引我们事业前进的伟大旗帜”，号召全国人民“在建设有中国特色社会主义的伟大旗帜下，更加紧密地团结起来”。特别是在中共十三届四中全会形成以江泽民为核心的党中央后，经过十三届五中全会、七中全会、江泽民建党70周年庆祝大会上的讲话和1992年6月9日中央党校讲话，全党对邓小平理论及其历史地位的认识更加深刻，到中共十四大，第一次提出了“邓小平同志建设有中国特色社会主义理论”这一概念，第一次比较系统地概括了这一理论的主要内容，第一次提出了“用邓小平同志建设有中国特色社会主义的理论武装全党”的战略任务，强调“学习马列主义毛泽东思想，中心内容是学习建设有中国特色社会主义的理论”，号召全党全国人民“高举建设有中国特色社会主义的伟大旗帜”。这也就是十四届四中全会决议所指出的：十四大确立了邓小平同志建设有中国特色社会主义理论在全党的指导地位。

党的指导思想的这一发展过程，江泽民在学习《邓小平文选》第三卷报告会上的重要讲话中，有过生动的描述：“中国共产党成立之初，就郑重地把马克思列宁主义写在自己的旗帜上。经过延安整风和党的七大，又郑重地把马克思列宁主义与中国革命的实践之统一的思想——毛泽东思想写在自己的旗帜上。从十一届三中全会开始，经过十二大、十三大至十四大，我们党又郑重地把邓小平建设有中国特色社会主义的理论写在自己的旗帜上。这是我们党付出了巨大代价获得的极为珍贵的精神财富，是我们党和人民进行新的历史创造的科学总结，是我们发展社会主义事业的伟大旗帜，是我们民族振兴和发展的强大精神支柱。”

中共十五大则更为鲜明地用邓小平理论这一科学概念代替了过去对邓小平建设有中国特色社会主义理论的表述，并把这一理论确定为党的指导思想，使其同马列主义、毛泽东思想一道“作为自己的行动指南”写入党章。

中国共产党为什么要在当时明确地提出要高举邓小平理论的旗帜？为什么要明确地提出这一理论是党的指导思想呢？

因为，无论从中共自身的建设，还是从中共承担的历史责任来看，客观上都有这个迫切的需要。在改革开放和社会主义现代化建设的新时期，在跨越世纪的新征途上，中共所处的环境和肩负的任务同过去革命战争年代相比，同社会主义改造时期和社会主义建设曲折发展的历史条件相比，有了很大变化，党的思想、政治、组织、作风建设都面临许多新情况和新问题。特别是在邓小平同志逝世以后，党要领导全国各族人民继续巩固和发展十一届三中全会以来取得的伟大成就，促进经济体制和经济增长方式的根本性转变，推动经济发展。十五大报告深刻地指出：“作为毛泽东思想的继承和发展的邓小平理论，是指导中国人民在改革开放中胜利实现社会主义现代化的正确理论。在当代中国，只有把马克思主义同当代中国实践和时代特征结合起来的邓小平理论，而没有别的理论能够解决社会主义的前途和命运问题。邓小平理论是当代中国的马克思主义，是马克思主义在中国发展的新阶段。”这就是为什么在当代中国，中国共产党要确立邓小平理论为党的指导思想，要高举邓小平理论伟大旗帜的根本动因。

这里鲜明地指出的“马克思主义在中国发展的新阶段”，同十四大以来形成的共识如“当代中国的马克思主义”，精神实质是一致的。同时，这一新的判断更有力、更直接地说明了邓小平理论何以能成为标志我们党的指导思想的旗帜。

邓小平理论的产生在很大意义上也是对社会主义的曲折历史命运进行理性反思的结果，是对长达近60年的传统社会主义理论的质的超越。

科学社会主义的创始人在深刻揭示资本主义基本矛盾的基础上，提出了社会主义必然代替资本主义的科学预见，并把资本主义的充分发展作为建立社会主义制度的历史前提。所以，马克思在当时曾把无产阶级革命爆发的希望寄托在资本主义比较发达的西欧国家。但到了晚年，他开始把目光从西欧转向俄国和东方社会，并注重对农民问题的研究。他曾以俄国“农村公社”为例，设想过东方类似的农业国由于各种历史条件的“特殊凑合”，“可以不通过资本主义制度的‘卡夫丁峡谷’，而吸取资本主义制度所取得的一切肯定成果”，从而直接跨入社会主义。[①] 但由于他无法亲身经历无产阶级革命后的实际进程，

① 《马克思恩格斯全集》第19卷，人民出版社1963年版，第451页。

因而他无法也不想对无产阶级夺取政权之后的理论和策略作出更为具体的论述；马克思关于社会主义社会的基本原则无疑是正确的，但它确实还需要随着社会主义革命和建设实践的发展而不断加以充实。

在马克思身后，社会主义理论的实践遭遇了曲折的历史命运。

在俄国，马克思主义理论被融进了具体的社会实践中，催生出了现实的物质之果。20 世纪初叶，列宁在一个大大变化了的世界创造性地将马克思主义普遍原理与俄国落后的东方式国家的现实相结合，解决了在资本主义发展到帝国主义时期后，无产阶级如何在帝国主义统治的薄弱环节夺取政权以及胜利后如何保卫政权的问题。新的时代造就了在形式和内容上都不同于 19 世纪的经典理论的马克思主义——列宁主义。列宁主义成功地实现了马克思关于在东方落后的农业国可以不通过资本主义的卡夫丁峡谷，而直接跨入社会主义的预想，然而却没有能解决如何充分享用资本主义的一切文明成果，从而建成真正意义上的社会主义的问题。列宁在十月革命胜利后，曾经按马克思关于资本主义充分发展意义上的社会主义原则进行实践，并取消商品经济，但很快发现行不通，于是只好推行了“新经济政策”。后来列宁也注意到了充分享用资本主义的一切肯定成果来建设社会主义的问题，并提出了“苏维埃政权＋普鲁士的铁路管理制度＋美国的技术和托拉斯组织＋美国的国民教育等等等等＋＋＝总和＝社会主义”的著名公式。[①] 这本来是对经济文化比较落后的东方国家在取得社会主义革命胜利后如何建设社会主义问题进行积极探索的良好开始。但这种探索在列宁逝世后发生了变化。

斯大林在苏联社会主义建设实践中建立起了高度集中的计划经济体制和高度集权的政治、文化体制。这种体制在一开始显示出了强大的生命力，尤其是在西方资本主义国家经历20世纪20年代至30年代经济危机的风声鹤唳中，苏联的社会主义建设却取得了举世震惊的成就，社会主义在世界范围内的声誉越来越高，影响也越来越大。这更进一步强化了人们“社会主义与计划经济天然一体”的信念。第二次世界大战结束后，社会主义的力量和影响迅速扩大，社会主义国家从苏联扩展到东欧，后来又发展到亚洲的中国、越南、朝鲜，美洲的古巴等；从处于资本主义世界重重围困中的弱小力量很快变为与资本主义世界分庭抗礼的强大阵营。这种盛极一时的辉煌更使共产党国家的领导人确信，社会主义不仅可以完全超越资本主义社会的充分发展阶段，而且完全可以超越商品经济和市场经济的充分发展，依靠高度集中的计划经济就可以建立起人类最美好的社会制度。这种过于膨胀的自信以及冷战的客观因素，也使这些国家的领导人既无法再虚心学习和享用资本主义的一切肯定成果，更无法把握第二次世界大战后西方资本主义社会的阶级结构和社会结构的巨大变化，而在一种封闭或半封闭的情

① 《列宁文稿》第三卷，人民出版社1978年版，第94页。

况下从事社会主义建设，这就更加束缚了人们对社会主义认识的视野和眼界。可以说，在第二次世界大战后不久社会主义运动走到极盛的时刻，正是传统社会主义步入深刻危机的开始。

在中国，一代伟人毛泽东把马克思列宁主义同半封建半殖民地的古老东方大国的革命实际相结合，在新的时代和独特的国情背景下创造了在形式和内容上既不同于19世纪的经典理论、又不同于20世纪初叶的列宁主义，而是中国化了的马克思主义——毛泽东思想。当无数中华先烈志士梦寐以求的社会主义制度终于在古老而多难的中国大地上诞生时，毛泽东彻夜难眠，他说1949年全国解放时他都没有那样激动和兴奋过。毛泽东是一直力图走出一条不同于苏联模式的中国化的社会主义建设道路，并对此做出了可贵的探索。但是，时代造就了一代伟人，也局限了一代伟人，而有些时代的局限性即便是再伟大的历史人物也是难以超越的。更何况从苏联搬来的高度集中的计划经济体制确实也在短时期内就在中国取得了举世瞩目的成就，更何况苏联人在声称自己已进入了发达社会主义阶段，我们怎能自甘落后承认自己处于社会主义初级阶段呢？毛泽东在“大跃进”和“人民公社化运动”以后还逐渐形成了他晚年系统的社会主义“新世界”的理论构想：这个社会的最大特征是以阶级斗争为纲的、限制和逐步消灭社会分工和商品经济发展的。“文化大革命”则把这种“左”的教条的社会主义理论和实践推向了极端。

正是由于历史的实际演变使社会主义制度都诞生在没有经过典型资本主义发展阶段的经济文化贫困落后、社会生产力不发达的国家，现实社会主义的起点和前提，不仅不是充分发展了的资本主义，反而在经济文化及社会生产力的发展水平上，与西方一些国家资本主义制度的起点和前提都还存在着差距。这就决定了社会主义国家从诞生之日起，就在实力上与资本主义世界相比处于极为险恶的弱势，这样它在相当长的历史时期内所面对的远不是战胜并取代资本主义世界的问题，而是一方面要防止资本主义势力的颠覆以求生存，另一方面要改变生产力水平低、经济文化落后的现状以求巩固和发展的问题。对这个历史时期的长期性、艰巨性、曲折性在理论上估计不足，必然为社会主义事业的发展埋下隐患。另一个强调的问题是，社会主义国家在一开始都沿用了高度集中的计划经济体制和高度集权的政治、文化体制，是有其历史必然性的，并且这种体制无论对苏联、中国，还是其他社会主义国家，都确实曾经取得过举世瞩目的伟大成就。所以，当时人们不会对“社会主义公有制就是计划经济体制”、“计划经济就是社会主义，市场经济就是资本主义”提出丝毫怀疑。甚至认为社会主义不仅完全可以超越资本主义社会的发展阶段，而且完全可以超越商品经济和市场经济的充分发展历程。这些认识，可以说是从列宁、斯大林到20世纪70年代末以前相当多一批共产党国家的领导人，包括毛泽东这样的领导人物在内的一个时代的共识，也可以说是那个时代共有的认识上的局限性。要超越这种认识是需要时间的，不经过在实践中磨难的洗礼，是很难实现这种超越的。一些社会主义国家尽管改革起步比中国早，但直到失去政权前，也没有一个国家提出并成功解决建立社会主义市场经济体制问题。然而，如果对社会主义条件下发展市场经济的必然性、必要性及其重大意义在理论上认识不足，也必然无法使社会主义事业真正走出传统的阴霾，实现质的超越。

当这一页页风云历史翻过去之后，一个我们曾经认为早已解决了的问题又摆在了面前：什么是社会主义？怎样建设社会主义？邓小平理论带着它那特有的色彩出现了。它紧紧围绕着什么是社会主义以及如何建设社会主义的主题，在反思我国社会主义胜利和挫折的历史经验并借鉴其他社会主义国家兴衰成败历史经验的基础上，提出并成功解决了决定社会主义前途和命运的两个最核心的问题：一是对我国社会主义所处的历史阶段作出了理性界定，提出了社会主义初级阶段理论，这就从根本上克服了那些长期困扰社会主义事业发展的超越阶段的错误观念和政策；二是对构成我国经济发展和社会主义现代化进程中最为有效的动力机制作出了理性界定，它既不是计划经济，更不是阶级斗争和群众运动，而是社会主义市场经济，这就从根本上实现了对传统的超越，使社会主义真正步入了全新的境界。对这两个核心问题的理性界定初步解决了当年马克思提出的东方落后的农业国是否可以跨越资本主义的卡夫丁峡谷而直接进入并建成社会主义的重大历史命题。邓小平理论的回答是经济文化比较落后的古老中国可以不经过资本主义的发展阶段而进入社会主义社会，但这是一种“不合格的社会主义”，中国的社会主义还处于初级阶段。在社会主义初级阶段的中心任务是发展社会生产力，是实现这个有着几千年封建传统的东方大国的近代化和现代化，然后，再经过一个世纪的奋斗，建成比较合格的社会主义。而实现这一奋斗目标的唯一科学有效的途径是在社会主义条件下发展市场经济，是在社会主义条件下构筑社会主义制度自身赖以“合法”存在和发展的历史前提。这是邓小平理论划时代的伟大贡献。

邓小平理论的理性基础就是承认中国的社会主义仍处于初级阶段，而启动初级阶段社会主义事业走出迷谷、步入康庄大道的杠杆就是充分发展社会主义市场经济。这是邓小平理论最鲜明的特色。邓小平正是以这样的理性魅力推动了1976年后的中国，使中国共产党，使共和国，以至使整个中华民族的历史都进入了一个全新的时期。

三、民族复兴进程中的时代定位

◎深谋远虑的决策：再论初级阶段

◎中国步入社会主义的特殊历史背景

◎回到现实的大地

中国共产党第一次提出社会主义初级阶段的概念，是在中共十一届六中全会通过的《关于建国以来党的若干历史问题的决议》中。《决议》指出：“只有社会主义才能救中国。这是中国各族人民从一百多年来的切身体验中得出的不可动摇的结论，也是建国三十二年来最基本的历史经验。尽管我们的社会主义制度还是处于初级的阶段，但是毫无疑问我们已经建立了社会主义制度，进入了社会主义社会，任何否认这个基本事实的观点都是错误的。”但是，当年这一段论述，侧重点并不在于“初级阶段”这个概念本身，而是强调我们已经建立了社会主义制度。也就是说，当时还没有把“初级阶段”这个判断作为我们党制定路线、方针、政策的基本依据来加以把握。

1987 年 3 月 25 日，邓小平审阅了中央报送的《关于草拟十三大报告大纲的设想》。《设想》提出，十三大报告全篇拟以社会主义初级阶段作为立论的依据。邓小平批示：“这个设计好。”8 月 29 日，他在会见意大利共产党领导人时指出：

> 我们党的十三大要阐述中国社会主义是处在一个什么阶段，就是处在初级阶段，是初级阶段的社会主义。社会主义本身是共产主义的初级阶段，而我们中国又处在社会主义的初级阶段，就是不发达的阶段。一切都要从这个实际出发，根据这个实际来制订规划。[①]

这是邓小平第一次明确提出要把社会主义初级阶段作为事关全局的基本国情加以把握，并以此为依据来制订规划，这就把“初级阶段”概念上升到了我们党制定路线、方针、政策的出发点和基本依据的高度。

党的十三大报告系统阐述了社会主义初级阶段理论，并以此为依据，提出了中国共产党在社会主义初级阶段的基本路线。党的十三大报告指出：正确认识我国社会现在所处的历史

① 《邓小平文选》第三卷，人民出版社 1993 年版，第 252 页。

阶段，是建设有中国特色的社会主义的首要问题，是我们制定和执行正确的路线和政策的基本依据。

我国处在社会主义初级阶段包括两层含义：第一，我国社会已经是社会主义社会，我们必须坚持而不能离开社会主义；第二，我国的社会主义社会还处在初级阶段，我们必须从这个实际出发，而不能超越这个阶段。

这是我国在生产力落后、商品经济不发达条件下建设社会主义必然要经历的特定阶段，从生产资料私有制的社会主义改造基本完成，到社会主义现代化的基本实现，至少需要上百年时间，都属于这个阶段。在社会主义初级阶段中，主要矛盾是人民日益增长的物质文化需要同落后的社会生产之间的矛盾。阶级斗争在一定范围内还会存在，但不是主要矛盾。党和国家的主要任务是发展生产力，推进社会主义现代化建设。党在社会主义初级阶段的基本路线是：领导和团结全国各族人民，以经济建设为中心，坚持四项基本原则，坚持改革开放，自力更生，艰苦创业，为把我国建设成为富强、民主、文明的社会主义现代化国家而奋斗。

一个是社会主义初级阶段理论，一个是中国共产党在社会主义初级阶段的基本路线，这是十三大报告的两个亮点，也是党的十三大的主要贡献。

出乎很多人的预料，十年后，中共十五大政治报告再次以重要篇幅重申并更为系统全面地阐发了十三大提出的社会主义初级阶段理论。有学者指出，这是新一代中共决策者深谋远虑、高瞻远瞩的智者之举。

那么，十五大为什么要重新强调我国处在社会主义初级阶段这一科学论断呢？江泽民精辟而又深刻地指出："这次大会进一步强调这个问题，是因为：面对改革攻坚和开创新局面的艰巨任务，我们解决种种矛盾，澄清种种疑惑，认识为什么必须实行现在这样的路线和政策而不能实行别样的路线和政策，关键还在于对所处社会主义初级阶段的基本国情要有统一认识和准确把握。"

首先，在社会主义改革开放和现代化建设这场新的革命过程中，认识和解决实践中的理论和路线方针政策问题，要有正确的学风，要一切从社会主义初级阶段的实际出发。改革开放在取得举世瞩目成就的同时，也遇到了一系列新情况新问题。当时，经济体制改革已经深入到国有企业改革攻坚的关键时刻，如何解决面临的新情况新问题，格外引人注目，引出了各种议论。于是，就发生了一个究竟是单纯从马克思主义书本里的片言只语中找答案，还是真正从马克思主义的立场观点方法来研究这些实际问题这样一个学风问题。毫无疑问，马列主义、毛泽东思想一定不能丢，丢了就丧失根本；同时，真正的马克思主义者一定要坚持理论联系实际的原则，从不断变化的实际生活出发运用和发展马列主义、毛泽东思想。江泽民尖锐而又鲜明地提出了这个问题，要求全党"一定要以我国改革开放和现代化建设的实际问题、以我们正在做的事情为中心，着眼于马克思主义理论的运用，着眼于对实际问题的理论思考，着眼于新的实践和新的发展"。要坚持这一马克思主义的学风，关键的一点，就是要认识我国现在仍然处在并将长期处于社会主义初级阶段。因为，只有认识到我国已经进入到社会主义，我们才能抛弃否定马克思主义的错误观点，坚持马克思主义的立场、观点、方法；只有认识到我国现阶段的社会主义是不发达的社会主义，我们才能在实践中摸索学习、开拓，创造性地运用和发展马克思主义，找到解决当前各种新情况新问题的正确答案。

其次，在经济发展和经济体制改革过程中，建立合理的所有制结构，寻找合适的公有制实现形式，也必须从社会主义初级阶段的实际出发。众所周知，现在是我国向社会主义现代化第三步战略目标迈进的关键时期。在这个时期，我们要实现两个根本性转变，解决好两个关键性课题，即在经济体制和经济增长方式的根本性转变中，建立起比较完善的社会主义市场经济体制，保持国民经济持续快速健康发展。面对着世界范围综合国力的激烈竞争，特别是以信息技术为主要标志的新科技革命突飞猛进的严峻挑战，我们能不能实现两个根本性转变，能不能解决好两个关键性课题，已经关系到国家的长治久安和社会主义的前途命运。这就需要我们摆脱任何犹豫，大胆探索；澄清种种疑惑，开拓奋进。特别是在国有企业改革中，要进一步统一认识，下决心突破攻坚。我们要坚持从社会主义初级阶段这一基本国情出发，考虑经济发展的规划和经济体制改革的做法，认识中共中央为什么要制定这样的而不是那样的方针政策。今天，我们强调要继续调整和完善以公有制为主体、多种所有制经济共同发展的所有制结构，就是因为我们今天建立的社会主义还不是马克思、恩格斯原来设想的社会主义，而是社会主义初级阶段。我们强调要以“三个有利于”为标准，努力寻找能够极大促进生产力发展的公有制实现形式，大胆利用一切反映社会化生产规律的经营方式和组织形式，也是因为我们今天所处的环境是社会主义初级阶段。在一批国有大中型企业中进行股份制试点，对国有中小型企业采取改造、联合、兼并、租赁、承包经营和股份合作制、出售等形式放开搞活，同样是因为我们今天尚处在社会主义初级阶段。我们讲在改革开放中要坚持解放思想、实事求是的思想路线，就是要敢于和善于从社会主义初级阶段的实际出发，寻找能够极大地解放和发展生产力的体制、机制、企业组织形式。这就是今天要重新强调社会主义初级阶段理论的现实意义。

第三，在加强中共党的建设和全社会精神文明建设的过程中，要认识到全面落实“两手抓、两手都要硬”的方针，是社会主义初级阶段的历史任务。“社会主义初级阶段”说起来很简单，一是社会主义，二是初级阶段。在社会主义初级阶段，如果在学习、借鉴和利用发达资本主义国家现代化过程中创造的文明成果时，对资本主义腐朽思想的侵蚀毫不警惕，甚至否定社会主义道路和党的领导，就会走向右的轨道；如果把坚持社会主义同学习、借鉴和利用发达资本主义国家现代化过程中创造的文明成果对立起来，拒绝这样的借鉴，就会出现“左”的错误。这就是社会主义初级阶段这一历史定位带来的历史复杂性。因此，在加强党对改革开放领导的时候，必须大力加强党自身的建设；在加强物质文明建设的时候，必须大力加强精神文明建设。江泽民在十五大报告中，把党的建设问题如此突出地一再强调，把切实加强精神文明建设作为全面推进建设有中国特色社会主义事业的一个重要环节提出来，其根本原因就在于我们今天仍处在社会主义初级阶段，面临着各种困难和风险的考验。

因此，在十五大报告中，重新强调社会主义初级阶段是高举邓小平理论旗帜，坚持马克思主义学风这一根本问题的内在要求，同时又为论述经济体制改革和经济发展、政治体制改革和民主法制建设、有中国特色社会主义的文化建设和党的建设的方针原则奠定了根本出发点，具有重大的意义。

我们知道，在科学社会主义的创始人那里，资本主义的充分发展是社会主义的一般历史前提。就我国社会自身的发展水平而言，我们在取得革命胜利的时候是不具备这个一般历史前提的。我们之所以能在缺乏这个一般历史前提的情况下取得新民主主义革命的胜利并继而走上社会主义的发展道路，主要取决于以下两点：

第一，饱受内忧外患之苦达百年之久的中华民族，只有求得民族独立和人民解放、实现国家繁荣富强，才能挽救民族危亡，彻底摆脱落后挨打的历史命运。封建统治阶级无法担当起这一历史重任。先天发育不良的资产阶级同样不足以担当起这一历史重任。能够担当起救亡图存、强国富民的阶级只有一个，那就是无产阶级；能够把中华民族引向现代化的道路只有一条，那就是社会主义道路。

第二，中华民族近代以来的特殊历史遭遇以及由此决定的求独立、求解放、求生存、求发展的特殊历史任务，提出了走社会主义发展道路的必要性；“近现代世界历史”进程中形成的特殊历史条件和机遇，为中国走上社会主义发展之途提供了可能性；中国共产党人适应客观历史需要，创造性地把马克思主义与中国实际相结合，领导中国人民取得了社会主义革命的胜利。中国走上社会主义道路的特殊历史条件和历史起点，决定了社会主义在中国的角色转换：首先，社会主义在中国不仅不是由于本国社会资本主义高度发达所引起的社会矛盾的产物，而且在很大程度上恰恰是资本主义无法发展的结果。革命解决了世界范围资本主义生产力与生产关系在中国社会引起的历史冲突之后，中国社会内部还根本就不存在作为这种历史冲突根本原因的现代生产力；其次，社会主义在中国实际上首先是一种民族救亡的方式，是一种信仰和道义的力量；再次，社会主义在中国是一种特殊的、唯一可能的现代化方式。现代化是近代世界文明的主潮流，也是近代中国数代人的理想。不实现现代化，中华民族就无法自立于世界民族之林，就有被开除“球籍”的危险，就永远不能摆脱任人宰割的历史命运，其他的一切就无从谈起；最后，社会主义对中国来说，在某种意义上是一种在特殊历史境遇中提出的历史远景或未来蓝图。在进入马克思所设想的社会主义社会之前，我国还需要经历一个漫长的历史时期。

社会主义在我国的特殊历史前提，决定了社会主义在中国的特殊历史任务和特殊发展道路。十五大报告指出：“鸦片战争以后，中国成为半殖民地、半封建国家。中华民族面对着两大历史任务：一个是求得民族独立和人民解放，一个是实现国家繁荣富强和人民共同富裕。前一任务是为后一任务扫清障碍，创造必要的前提。”中华民族面对的两大历史任务，也是社会主义在中国所要担当的两大历史使命。中华民族只有选择社会主义才能完成自己所面临的任务，社会主义只有担当起这两大历史使命才能在中国的土地上扎根。中华民族的前途命运与社会主义的前途命运紧密相联、不可分离。在中国，离开中华民族的两大历史任务去谈论社会主义，只能使社会主义变成一堆苍白的概念；把第一项任务的完成当作社会主义大厦的最终建成，也会使社会主义背离自己的初衷。

无论是一个伟大的时代、一个伟大的政党，还是一个伟大的理论、一个伟大的人物，都是通过将远大理想与现实需要的完善结合而成就其伟大的。中国共产党的优秀代表、一代伟人邓小平把社会主义的崇高理想与中华民族的现实需要融为一体，提出了建设有中国特色社会主义的伟大理论。如果把邓小平理论比作一座大厦，那么社会主义初级阶段的理论就是其坚固的基石。1985年4月15日，邓小平在会见坦桑尼亚客人时，指出：“我们建立的社会主义制度是个好制度，必须坚持。现在我们搞经济改革，仍然要坚持社会主义道路，坚持共产主义的远大理想，年轻一代尤其要懂得这一点。但问题是什么是社会主义，如何建设社会主义。我们的经验教训有许多条，最重要的一条，就是要搞清楚这个问题。”可见，改革开放以后，“什么是社会主义”与“怎样建设社会主义”是邓小平潜心思考的最重要的两个问题。在一定意义上可以说，邓小平理论就是关于“什么是初级阶段的社会主义、在初级阶段怎样建设社会主义”的理论。

我们说“我国仍然处在社会主义初级阶段”是个朴素的结论，因为这一结论无非确认了两个早已存在的客观现实：第一，我国已经不可逆转地走上了社会主义的发展道路；第二，我国仍然是个不发达的社会。我们同时说这是一个伟大的结论，则是因为在社会主义运动史上，这是第一次把“社会主义”这个美丽的概念与“初级阶段”这个意指不发达、落后的概念放在一起组成一个全新的概念，还因为这个结论一经获得就使社会主义在中国的面貌焕然一新。也许有人说，这是一个包含着矛盾的概念。是的，这是一个包含矛盾的概念，是一个辩证的概念：它融进了深刻的历史真理，反映了现实的真实状况。只是，如果以静止的、形而上学的眼光来看待这一概念，就无法把握其丰富深刻的内涵，并会将它视为一个不合乎逻辑的概念。可以说，把我国的社会主义定位于初级阶段，是在某种意义上再次实现了社会主义由空想到科学的转变。

在社会主义初级阶段，无视落后的现实，耽于幻想，一味急躁冒进，或面对落后消极悲观、无所作为，落后的现实就会像束缚手脚的锁链，历史的主体就变成了历史的囚犯。反之，承认落后又不甘于落后，“知耻而后勇”，采取大胆而又审慎的对策，在坚韧不拔的实践中一步一个脚印地前进，我们就能逐步摆脱落后，实现社会主义的美好理想和中华民族的复兴。“社会主义初级阶段，是逐步摆脱不发达状态，基本实现社会主义现代化的历史阶段；是由农业人口占很大比重、主要依靠手工劳动的农业国，逐步转变为非农业人口占多数、包含现代农业和现代服务业的工业化国家的历史阶段；是由自然经济半自然经济占很大比重，逐步转变为经济市场化程度较高的历史阶段；是由文盲半文盲人口占很大比重、科技教育文化落后，逐步转变为科技教育文化比较发达的历史阶段；是由贫困人口占很大比重、人民生活水平比较低，逐步转变为全体人民比较富裕的历史阶段；是由地区经济文化很不平衡，通过有先有后的发展，逐步缩小差距的历史阶段；是通过改革和探索，建立和完善比较成熟的充满活力的社会主义市场经济体制、社会主义民主政治体制和其他方面体制的历史阶段；是广大人民牢固树立建设有中国特色社会主义共同理想，自强不息，锐意进取，艰苦奋斗，勤俭建国，在建设物质文明的同时努力建设精神文明的历史阶段；是逐步缩小同世界先进水平的差距，在社会主义基础上实现中华民族伟大复兴的历史阶段。这样的历史进程，至少需要一百年的时间。至于巩固和发展社会主义制度，那还需要更长得多的时间，需要几代人、十几代人，甚至几十代人坚持不懈地努力奋斗。”十五大报告这段精彩的论述所描绘的是一幅党领导亿万人民群众大胆实践、锐意进取、革故鼎新、昂首阔步走向文明、走向世界、走向现代化、走向美好未来的壮丽历史画卷。报告关于社会主义初级阶段的论述，是运用实践唯物论和历史辩证法研究中国社会主义发展问题的光辉典范，既为我们“实现工业化和经济的社会化、市场化和现代化”制定了大政方针，又为我们进一步探索社会主义初级阶段的发展规律提供了科学的方法论。

四、走出迷谷的所有制理论

◎公有制采取多种实现形式的必然性

◎私营经济终登中国“大雅之堂”

公有制、计划经济和按劳分配是传统社会主义的三个基本特征，而公有制处于核心地位。可以这样说，中国改革最终能否成功与我们在所有制问题上能否找到出路存在深刻的关联。十五大报告指出，一切适合社会化生产规律的经营方式和组织形式都可以大胆利用，公有制实现形式可以而且应当多样化，我们要努力寻找能够极大促进生产力发展的公有制实现形式。这是邓小平同志“三个有利于”思想的深化和进一步具体化，是对十三大以来，特别是十四大以来经济理论界和实际工作者在公有制及其实现形式问题上所做的许多艰苦探索的历史性肯定。它标志着我们已经抛弃了以所有制形式裁决现实经济活动的陈腐教条，而转向以“经济控制力”为主这一真正历史唯物主义的立场，这无疑是又一次思想解放。完全可以预料，公有制实现形式的多样化，必将有力地推动社会主义市场经济体制进一步确立，为新世纪中国的改革与发展注入新的、强大的活力。

首先，中国社会主义历史前提的特殊性和现阶段我们的基本国情，决定了我们既不是经典意义上的社会主义，也不能搞经典意义上的社会主义，因此，在所有制实现形式上我们就不能僵硬地坚持经典教条，而应当采取现实主义的态度，寻求适合生产力发展的公有制实现形式。但是，我们长期以来一直致力于消灭现实中存在的商品货币关系这种“资产阶级的法权”，以使现实公有制更加纯化、更加经典化。后来，我们才发现，我们所不断进行的所有制关系的“革命化”事实上并没有使共产主义一日建成，反而使国有经济运行机制越来越僵化，生产效率不断下降，整个经济濒于崩溃边缘。多年来的社会主义实践告诉我们，在经典社会主义公有制所需要的物质前提没有被创造出来之前，企图通过生产关系拔苗助长，只能导致生产力的破坏而不是发展。因此，为了社会主义的前途和命运，我们别无选择地走上了改革之路，这是一条虽然艰难然而却是前景光明的道路。从农村的土地制度改革到城市的产权制度改革，其目的就是寻求公有制的合理实现形式，这是中国改革的最重要的政治经济学。

其次，公有制具有多种实现形式是社会主义市场经济的内在要求。社会主义市场经济体制作为中国改革的目标模式，是在中国总结本国和其他后发展国家改革和发展的历史经验基础上所形成的。中国既要坚持总体上的社会主义发展方向，又不重复典型资本主义的发展方式，社会主义市场经济体制是必然选择。将社会主义与市场经济结合起来，这是前无古人的探索，它构成了中国特色社会主义的发展内核，并使其具有独特魅力和价值。

众所周知，一定的所有制作为一定的社会生产方式和社会制度的基础，在一定的社会经济关系中起着决定性作用，因此，社会主义市场经济必须以一定的产权制度作为载体才能得以实现。这种产权形式显然不能以私有制为基础，也不能重复计划体制下的产权模式，它必须要体现出下面两个特征：一是社会主义的性质和方向，二是适合市场经济运行要求。前者意味着社会主义市场经济的产权制度安排总体上必须是公有制占主导地位，这种主导地位是以公有制对于整个经济的现实控制力作为体现；后者则要求包括公有制在内的各种所有制的实现形式必须多样化。市场经济微观基础中最为核心的、具有决定意义的是产权制度，如果产权不能通过市场进行有效的重组，任何这样的改革都只具有表面的意义，并终将因改革缺乏产权方面的深刻性而流于形式，社会主义改革史中一度盛行的行政性分权改革最终都难以为继便是一个历史明证。这无疑表明，公有制实现形式多样化源自于社会主义市场经济体制的本质要求，只要我们坚持社会主义市场经济的改革方向，我们就必须坚持公有制为主体，并且公有制必然相应采取多种实现形式，除非我们要搞的不是社会主义市场经济。

党的十五大报告强调“非公有制经济是我国社会主义市场经济的重要组成部分”。这不啻平地一声雷，给予所有的非公有制经济现在或将来的从业者们以极大的鼓舞。可以毫不夸张地说，这一论断把非公有制经济与社会主义市场经济紧密地联系在一起，是一个伟大的创举，实现了又一次深刻的思想解放。

改革开放前，在中国还是谈“私”色变。改革开放后，私营经济以其历史性的发展成就举世瞩目。私营经济之所以高速发展，根本原因在于它的发展适应我国的基本国情，与社会主义市场经济的内在要求相吻合。任何人只要不带偏见，就不难发现私营经济在我国社会经济生活中所发挥的日益重要的作用。无论是从满足人们多方面需要、方便人民生活来说，还是从对国家财政收入的贡献而论，私营经济都功不可没。撇开这些方面不说，单就解决就业问题而言，私营经济的发展就发挥了重要作用。众所周知，我国是一个人口大国，每年净增的需要安置的劳动力达500多万，此外，隐形失业人口的压力也比较大，就业形势极为严峻。而发展私营经济则为此提供了一个重要的解决途径。其在城镇的发展，不仅解决相当一部分待业青年、社会闲散人员的就业问题，而且为国企改革中大批下岗失业人员提供了再就业机会；其在农村的发展，则促进了农村产业结构调整和小城镇建设，农村大量剩余劳动力得以从第一产业向第二、三产业转移。1996年我国私营经济从业人员已达1171.1万人，可以预见，这一数字还将大幅度增长。私营经济发展到今天，其在社会经济生活中所发挥的作用足以表明，它已成为我国社会主义市场经济不可或缺的生力军。

私营经济在改革开放的风风雨雨中迅速成长壮大的同时，自身也逐渐走向健全和规范，一大批有胆有识有事业心的民营企业家也日益走向成熟。当然，私营经济繁荣的背后，还存在一些有碍其健康持续发展的因素。这些因素有企业自身的弱点，也有外部环境的限制。并且很多方面是这两层因素相互影响。就企业内部而言，有企业主自身素质及管理层素质提高问题，有经营管理体制机制规范化问题，有家庭势力垄断企业问题，等等。但最关键的还是企业外部环境的制约。如果外部环境好，在优胜劣汰的市场竞争中私营企业自己就会绞尽脑汁去考虑生存和发展问题，即使有相当一部分企业关门大吉，也还会有更多更好更有潜力的私营企业涌现出来。而当时影响私营企业发展的一个突出的外部环境问题即私营企业“集体化”、“国有化”问题，也就是所谓的“戴红帽”问题，表面上这是私营企业求“进步”的表现，是企业主自己的行为，实质上是被外部逼出来的，是对自身法定地位不明确的一种担忧和恐惧。这种现象对私营企业发展有百害而无一利，对社会主义市场经济的健康发展有百害而无一利。

在 1992 年邓小平视察南方谈话之后，私营经济才以前所未有的速度向前发展。短短几年时间，私营经济取得了令人刮目相看的发展业绩，充分发挥了它对社会主义公有制经济的“补充”作用。然而，问题也与之俱来，针对私营经济迅猛发展的状况，有人开始担忧社会主义公有制的主导地位会受到削弱，极力主张限制私营经济的发展；有人认为私营经济不宜鼓励发展，其相对社会主义总体经济而言，只是起到点缀作用；有人则分析论证私营经济目前存在的合理性是因为我国生产力尚不发达，一旦我国跨越了社会主义初级阶段，私营经济就应取消，如此等等，一时沸沸扬扬。由此不难看出，在社会主义市场经济条件下，私营经济的地位究竟如何需要进一步明确，这关系到私营经济将以什么样的面貌迎接 21 世纪的问题。对此，不少私营企业主内心充满忧虑和担心。

中国共产党的十五大报告对上述问题作了明确的回答。十五大报告明确宣示：私营经济是社会主义市场经济的重要组成部分。这一论断，更加明确了私营经济在社会主义市场经济中的重要地位。据此可以得知，私营经济在我国的存在绝不是暂时的，而是长期的，它贯穿于整个社会主义的历史阶段。只要社会主义市场经济没有消失，私营经济就必然存在。

五、知识经济时代的兴国方略

◎把握人类文明发展的脉搏

◎实施科教兴国方略的现实思考

◎“科教兴国是本届政府最大的任务”

第二次世界大战以来，科学技术的迅猛发展，已使人类社会发生了翻天覆地的巨大变化。当今世界各国经济实力的竞争，日益表现为综合国力的竞争，而后者的竞争已主要取决于科技实力的竞争。中共十五大根据邓小平“科学技术是第一生产力”的光辉论断，把科教兴国作为跨世纪的战略性国策，其意义至为深远。

在人类文明的发展过程中，科技革命曾带动社会生产力的巨大飞跃，从而成为人类社会进步的第一推动力。

人类从打制石器开始，就在实践中不断创造先进的生产技术和生产工具；人类在以耕作土地为主的农业社会中度过了漫长的历史岁月；距今500年前，西欧兴起的航海热，为人类社会迎来了工业革命的曙光。在16～17世纪，以纺纱机为主要标志的工场手工业，为社会创造了可观的财富；18 世纪末 19 世纪初，以蒸汽机为标志的第一次工业革命，初步显示了科学技术推动生产力发展的巨大力量；19 世纪末，以内燃机和电机为标志的第二次工业革命，使人类社会面貌焕然一新。科学技术带动了生产力的重大突破，20 世纪以来，特别是第二次世界大战以后，世界科学技术更以令人目眩的速度发展。

1945 年第一台电子计算机问世，不到 50 年的时间，计算机已发展到第五代。1957 年苏联发射第一颗人造卫星，开辟了人类的空间时代，现已有 1000 多颗人造卫星与日月同辉。1969 年美国阿波罗号宇宙飞船成功地登上了月球。据估计，21 世纪将有宇航班机出现。遥感技术、激光技术、光导纤维得到迅速发展，并广泛应用于诸多领域。

信息科学技术的发展预示了新一次科技革命的大潮。历次“产业革命”主要是工作机和传输系统的发展，只是人类体力劳动的延伸；而信息技术（又称“3C 技术”）的发展产生了计算机系统，使人类第一次有了辅助脑力劳动的工具，这将对人类生产方式和生活方式带来深刻的革命。19 世纪末，全世界从事科研工作的人员只有 5 万人左右；20 世纪 50 年代增至 40 万；70～80 年代增到 500 万人以上。

18 世纪蒸汽机从发明到普及运用，约用了 100 年，而现代原子能科学技术，从发现到应用只有 30 年，20 世纪 50 年代末激光技术一经出现，短短几年就普及全世界……

在信息化时代，科学技术已成为经济发展的支撑力量。物化在商品中的科学技术的含量大幅度地增加了，使科技进步因素在国民经济的增长中占据了主要分量。一方面，现代科学技术已广泛渗透到各个产业和各产业内部的门类中，没有一个产业部门可以脱离科学技术而独立存在和发展；另一方面，所有新兴产业特别是高新技术产业，都是基于现代科学技术的成就而建立和发展的，没有高新技术，就没有高新技术产业。现在，科技进步因素已成为各国经济和社会生产力的发展中最活跃的因素和最主要的支撑力量，这种情形在西方发达国家表现得更为明显。20世纪初，这些国家的国民生产总值的增长，科技进步因素所占的比重仅为5%～20%，到50～60年代，其比重已上升到50%左右，而到80年代则已高达60%～80%。科学技术也已成为变革社会的第一动力。现代科学技术的飞速发展强有力地改变着人们的传统观念、思想意识和生活方式，使人们更加讲究科学性和文明度，而彻底抛弃那些封建迷信、愚昧无知的思想方式和生活方式。现代科学技术在逐步延长着人的生命，也使人类变得越来越聪明，使生态环境得到治理并日益美化，使资源开发日趋合理化和科学化。构成人类社会的其他组成部分，包括文化、教育、人际关系和国际关系等，也都在随着科学技术的发展和运用发生着激烈的变化。另外，科学技术还是民族生存发展之系。世界各国经济以至生存的竞争，日益表现为物化在商品中的技术水平的竞争。从当代科技发展的特点可以看出，科学技术在生产力发展中的首要地位和巨大作用。21世纪必然是高新技术迅猛发展的世纪。致力于现代化建设的中国必须正视新技术革命的挑战，抓住这次难得的机机遇，不失时机地把科技进步作为发展整个经济工作的首要任务。中共十五大制定的科教兴国战略，无疑为走向新世纪的中国树立了前进的航标，使中国能够在世界新技术革命的大潮中，开拓出具有中国特色的科教兴国之路。

当科学家们津津乐道高新科技的宏伟奇迹时，当未来社会学家们醉心于描绘 21 世纪全新的生活蓝图时，我们更应当清醒冷静地意识到：这场新的科技革命给中国人所带来的并不仅仅是发展的机遇，而更多的将是经济乃至国家民族生死存亡的严酷挑战和竞争。

我们所面对的现状是严峻的。与发达国家相比，我国的科学技术水平和文化教育水平是非常落后的。首先，我们从能源的平均有效利用率与国外比较中可以看到，我国因为技术落后和结构与经营机制的问题，而导致经济效益低下的情况。当时，我国每年要消耗 10 亿多吨标准煤的能量来维持经济发展，但我国能源的平均有效利用率只有国外先进水平的 2/3，而我国的人均资源只及世界人均资源平均数的一半。在 20 世纪末，中国与一些发达国家在一些影响国计民生的基础工业方面的比较结果如下：

（一）每度电耗煤 400 克，比国外多 100 克；

（二）每吨钢能耗比国外主要产钢国高 30%；

（三）水泥能耗高 70%；

（四）玻璃能耗比国外先进水平高一倍。

然后再看看我国劳动力的素质现状如何：我国在业人口中农民约占近 70%，而 15 岁以上人口的文盲和半文盲占全部人口的 20%。

在全国职工中，受过高等、中专和技工训练的仅为1/10左右；农民中受过高等、中等和初等正规训练的仅占全体农民的近1/300，而农村小学文化程度以下者竟高达60%以上。

而西方发达国家基本上已全部普及了九年制教育。以1万人中科学家和工程师的数目来比，日本为67人，美国为66人，而中国不足5人，相差10多倍。

新中国成立初期，在经济极其困难、设备条件极差的情况下，中国人硬是凭着满腔赤诚，克服了难以想象的困苦艰难，自力更生，建立了比较完整的科学技术体系，造出了令全世界为之瞠目结舌的原子弹、氢弹和卫星，显示了中国人的志气和聪明才智。改革开放以来，科学技术的发展迎来了一个新的春天。人造地球卫星的发射回收、正负电子对撞机的研制，超导材料的理论研究等高科技领域已跨入了世界先进行列。所以，尽管我们在很多方面还很落后，但并不是一切都落后，强调危机意识是为了发奋图强，是一个民族富有自信的体现，而决非妄自菲薄，悲观无为。只要我们真正认识到科学技术是第一生产力的意义，充分发挥社会主义制度可以在全国范围内统筹使用科技经济力量，解放科技生产力的优越性，充分发挥科技工作者的创造性，做到决策科学、措施得力，是可以后来居上的。而要做到这一切，当时必须解决以下几个方面的问题：

一是思想观念问题。全国要确立“科学技术是第一生产力”的指导思想，全社会要有强烈的科技意识，形成全社会学习科技、运用科技，重视和支持科技事业的社会氛围，在全党全民中树立科技兴国的思想。

二是科技体制问题。尽管我们已经进行了富有成效的改革，然而当时的科技管理体制和运行机制，仍不能适应现代化建设的要求。科技体制改革的核心，是建立有利于经济发展和科技进步的充满生机活力的新机制。经济建设必须依靠科学技术，科技工作必须面向经济建设主战场，需要下大决心解决的就是科技与经济相脱节的问题。加快科技成果向现实生产力的转化，逐步使企业成为技术开发的主体。从“面向”和“依靠”两个方面来说都需要做出努力，但是矛盾的主要方面，是要解决好经济依靠科技问题，形成科技需求机制，并疏通科技进入经济的政策渠道，科技转化为生产力才能成为现实。

三是增加科技投入问题。世界上把研究和发展试验经费占国民生产总值（GNP）的比例，作为一项最重要的科技指标，来衡量一个国家对科技的重视程度。由于这是一个相对值，与一个国家的穷富无关，而取决于一国政府对科技的重视程度。主要发达国家的这个比例已接近 3%。1990 年，日本是 2.92%，联邦德国 2.9%，美国 2.8%，而中国仅 0.7%，日本是我们的 4.17 倍。我国科技投资基本按三个层次的科技发展战略进行配量：直接投入当前经济建设的科技工作；高技术发展及其产业化的科技工作；基础和应用研究工作。三个层次的科技经费不能只依靠政府投资。应广开渠道，采用各种形式，增加全社会对科技的投入。根据中国的实际状况，科技投资配置应朝着下述方向发展：凡是能直接见到经济效益的，接近商业化阶段的科技经费应由企业和银行等金融机构来投入。凡是基础性研究和高风险高技术研究和开发应由政府来投。当时，许多卓有成就的知识分子就因拿不到科研经费而无用武之地，所以政府应制定各种鼓励政策，调动全社会的积极性，来迅速增加科技投入，这是当时解放科技第一生产力的最迫切任务。

四是要重视高新技术问题。高新技术及其产业的发展是世界各国科技竞争的白热化地带，中国必须占有一席之地，稳住脚跟，这是我国未来的希望所在，任何忽视高新技术及其产生发展的想法，都将会犯历史性的错误。

五是教育问题。大力发展教育事业，尽快提高全民族的科技文化素质。包括普及教育、扫除文盲，严格的职业训练，在职科技工作者的继续教育等。要形成全社会激励科技进步的环境和机制，这是我们民族兴旺发达的希望所在。

六是知识分子问题。科学技术的载体是知识分子。他们的积极性若不能发挥出来，任何科技也不会变为现实的生产力。

总之，要通过加快改革，把一切与现代化大生产、信息社会、高科技及其产业发展不相适应的，本质上属于小生产者的、短视的、分割的、守旧的、陈腐的思想、习气、管理和组织等来一个彻底的改变，以使“科学技术是第一生产力”的伟大思想在我国成为现实，使经济建设真正转移到依靠科技进步的轨道上来。

1998年3月，共和国第五任总理朱镕基在九届人大一次会议结束后举行的记者招待会上说：

> 科教兴国是本届政府最大的任务。江泽民主席非常重视这个问题，多次阐明科教兴国的重要性。但是我们因为

没有资金，贯彻得不好。钱到哪里去了呢？政府机关庞大，“吃饭财政”，把钱都吃光了。其次，在各级政府的干预下进行了不少盲目的重复建设，几十亿、几百亿的一个项目，投产之后没有市场，相反把原有的一些企业挤垮了。这就使得中央的财政和银行都拿不出钱来支持科教兴国的方针。因此，本届政府决心精简机构，减掉一半的人，同时制止重复建设，把钱省下来贯彻科教兴国的方针。中央已经决定，成立国家科技教育工作领导小组，我担任组长，李岚清副总理担任副组长。这个决定已经江泽民主席批准。我们有决心进一步把科教兴国方针贯彻到底。

新总理以其一贯雷厉风行的作风向全世界宣布了新一届政府贯彻落实中共十五大科教兴国战略的具体措施，使科教兴国举措有了可靠的依托和保证。

六、依法治国：中华民族复兴伟业的安全通衢

◎从宪政民主到依法治国的百年梦想

◎法治路上仍需风雨兼程

自 1840 年鸦片战争开始到 1949 年中华人民共和国成立，在近代中国这百余年历史中，给中华民族冲击、影响最大的莫过于一次甚于一次的帝国主义侵略，以至数度面临“亡国亡

种”的险境。在这种背景下，民族危亡不能不成为近代中国最为急迫的问题。所以，这百年来一批又一批、一代又一代志士仁人首先要解决的都是民族问题。

鸦片战争的失败，提出了“师夷长技以制夷”，开始承认“夷”也有所长，统治阶级中的开明者冲破重重阻力，开始了以“求富求强”为主旨，以引进大机器生产、效仿西方“坚船利炮”为主要内容的“洋务运动”。但甲午战争的失败，说明仅有器物的改革是行不通的，于是他们得出结论：中国之所以落后，是因为中国没有建立现代的宪政民主制度，没有“法治”，不能为民族强盛提供制度保证，所以造成经济凋敝，政治腐败，民怨沸腾，民不聊生，社会动荡，战乱频繁，西方列强乘虚而入，使泱泱帝国面临灭种之灾。而每一次政权的更迭，都产生出新的专制。于是，先辈们痛下决心力谏清王朝统治者改革，实行君主立宪。这种制度层面的改良最后以戊戌变法失败、六君子喋血而流产。随即代之以辛亥革命这种暴力革命的形式。

不过，由于国内和国际的原因，1911 年辛亥革命的成功并未解决民族独立的问题。直到 1949 年中华人民共和国成立，中华民族才真正获得独立，孙中山先生所说的“民族”问题才得到解决。也就是说，民族问题是中华人民共和国第一代领导人所解决的。在民族独立问题得到解决之后，发展经济、提高人民生活水平的问题成为历史的主要任务。但是，由于主导路线仍以“阶级斗争为纲”，由于在经济体制上建立了僵硬的计划经济体制，结果使经济在 1979 年以前一直缺乏活力，发展屡受挫折。从 1979 年开始的经济体制改革，尽管还存在种种严重的问题，但经济的发展有目共睹，人民的生活水平也有较大提高。

经过 20 年的经济改革与发展，政治体制改革已经不可避免地提到历史的日程表上。每一位有头脑的中国人都有这样一个共识：对于正在全力进行市场经济改革的中国，对于需要尽快实现现代化的中国，对于必须参与经济全球化世界主流趋势的中国，选择法治，就是选择光明，选择进步，选择长治久安的发展。

十五大提出“依法治国，建立社会主义法治国家”的治国方略，在时机的把握上恰到好处地顺应了改革开放和市场经济发展的程度和要求，实现了一百多年来中华民族求生存求发展求文明的法治梦想。对于在人治文化背景中经历了太多磨难的中华民族而言，这无疑是一个具有伟大历史意义的里程碑。

关于依法治国，江泽民同志在中共十五大报告中有一个科学的界定：“依法治国，就是广大人民群众在党的领导下，依照宪法和法律规定，通过各种途径和形式管理国家事务，管理经济文化事业，管理社会事务，保证国家各项工作都依法进行，逐步实现社会主义民主的制度化、法律化，使这种制度和法律不因领导人的改变而改变，不因领导人看法和注意力的改变而改变。依法治国，是党领导人民治理国家的基本方略，是发展社会主义市场经济的客观需要，是社会文明进步的重要标志，是国家长治久安的重要保障。”

十五大提出了依法治国的目标，但真正建立起社会主义法治国家，依然任重道远。在建设有中国特色社会主义法治国家进程中，当时必须特别关注以下问题的解决。

第一，权大于法问题。

中国的法治进程一直被认为是政府推导型，而不是民众自发型，这一点可以从每一次大的普法活动都由政府发起而得到印证。如此一来，就给中国法治的实践带来了一个深刻的“二律背反”式的挑战：这就是作为法治推动者的政权力量本身本来应是法治所针对的主要客体，而作为法治被推动者的客体——民众本身恰恰应是高举法律之剑的主体。这正是中国法治进程中体制上最重大的深层矛盾。不勇敢地、富有建设性地解决好这一深层矛盾，就必然为我们实现“依法治国”目标带来一系列难题。我国宪法规定，一切国家机关和武装力量、各政党和各社会团体、各企业事业组织都必须遵守宪法和法律。任何组织和个人都不得有超越宪法和法律的特权，法律面前人人平等。但是现实中长期以来，由于体制上的弊病，形成了“法律面前不平等”的现象，在社会生活中一些个人、组织和行政机构的权威高过法律的权威，违宪现象常有所见，违宪的审查和监督机构未能真正发挥作用，没有完全做到依宪法治国，“权大于法”的现象在实际生活中没有得到根本的改变。这意味着“依法治国”的体制保障上，还有许多基础的、繁难的工作要做。

第二，有法难依问题。

完备的法律要依靠安全性能好、稳定性强、运作效率高的机制来付诸实施。据统计，1979 年以来，全国人大及其常委会已经制定了300多部法律，国务院制定了700多部行政法规，地方政权机关制定了4000多部地方法规，初步形成了以宪法为核心的法律体系，国家政治生活、经济生活和社会生活的基本的、主要的方面已有法可依。但按照“依法治国”的标准加以考量，应该说我们远未做到“有法必依”。法律实施机制存在着比较严重的失灵，既定的法律得不到有效的遵行，一直是引起广大人民群众强烈不满的重要问题。表现在：其一，国家公职人员有法不依，一些地方和部门的执掌权柄者，上有政策，下有对策，不顾大局和长远利益，有组织地用种种不正当手段非法保护地方和部门的私利；其二，处理变动中的社会各种关系随意性很大，维护部门和个人利益的倾向非常明显；其三，老百姓的诉讼观念是“打官司就是打关系”，其市场活动和社会行为缺乏民商法和私法的习惯和传统。如果有法不依的不良倾向弥漫到社会生活的许多角落，则势必导致社会公共价值体系的失范，影响社会机体的健康发育。因此，真正做到有法必依，这是实施依法治国战略的最关键的环节。

第三，司法腐败问题。

法治的运作离不开人的因素。好的法律也不会自动产生效能，而需要高素质、廉洁、公正及理性的司法者来操作和运用。司法的公平、公正是社会和公民安全感的来源，因此，司法队伍的公正、廉洁、理性是一个社会实现法治的最基本的标志。培根说：“一次不公的司法判决比多次不公的其他举动为祸尤烈。因为这些不公举动不过弄脏了水流，而不公的判决则把水源败坏了。”某些道德品质低下、丧失起码的职业自律的法官、检察官、警察、律师成了腐败的污染源，贪污受贿，触目惊心。司法队伍的腐败和贪赃枉法行为，极大地影响了法律的权威和法治的发展，影响了人们的法律信仰。因此，改革司法体制，维护司法公正，提高司法人员的整体素质是目前迫切需要解决的严峻问题。

实行依法治国，建设社会主义法治国家，急需解决上述体制、机制与人这三大问题。

七、面向新世纪的中国共产党

◎中国共产党的前途就是中华民族的前途

◎必须把党建设好

◎要强化党的权威

在当代中国，执政的中国共产党处于领导核心的地位。因此，党的领导是否坚强有力、是否正确有效，就决定了中国社会进步发展的方向和进程，决定了中华民族复兴伟业的兴衰成败。十五大把面向新世纪的治党方略提到了当代中国共产党人面前。

对于处在社会大变革时期的当代中国来说，中华民族的兴衰成败与中国共产党的兴衰成败连为一体，是中国社会发展的必然要求。中国共产党的前途就是中华民族的前途；而中国共产党一旦步苏联和东欧的后尘，那中华民族的百年奋斗将付之东流，中国社会将至少倒退 100 年，21 世纪的中国将四分五裂、一盘散沙、战祸连绵……历史把中华民族的命运寄托在了中国共产党身上，当代中国共产党人的唯一选择就是必须把党建设好！

中国共产党是中国工人阶级的先锋队。当前，我国的工人阶级已成为世界上数量最大的工人队伍。尽管工人阶级的内部结构以及与其他阶级、阶层的关系发生了这样那样的变化，但这些变化没有改变工人阶级的先进性、历史使命和历史地位。与其他阶级相比，工人阶级最先最广泛地经历了新技术革命的洗礼，代表着最先进的生产力，其阶级觉悟、历史责任感无不带有新的时代特点。工人阶级不仅是我国的领导阶级，而且必然成为深化改革、解放和发展生产力的中坚力量。

中国共产党是由工人阶级和劳动人民中最优秀的分子所组成。在中国，从来没有任何一个政治组织像中国共产党这样集中了那么多的先进分子。党的阶级性和先进性使我们党始终具有走在时代前列的内在动力。党的力量来自党自身的坚强，更来自于同最广大人民群众的血肉联系。一切从广大人民群众的利益出发，一切为了人民群众，是中国共产党的唯一宗旨。在我国当前社会结构和利益格局发生变化、呈现多元利益主体的情况下，只有党的领导更加坚强有力，才能真正使最广大人民群众的利益得到保障，才能妥善解决长远利益和暂时利益、整体利益和局部利益的关系，调动各方面的积极性。改革开放以来的实践证明，只有中国共产党才能肩负起带领全国人民推动社会发展的历史责任。

中国属于后发展国家。后发展国家在现代化进程中的结构转型是非常复杂的，充满着困难和风险，稍有不慎，轻则会延缓转型的速度，重则会引起社会动荡，使社会为之付出巨大的代价。第二次世界大战以后，许多发展中国家在社会转型过程中出现的问题反复证明了这一点。历史同时表明，在一个国家和地区（尤其是追赶现代化的国家和地区）的经济发展过程中，当经济开始步入良性循环轨道后，通常又有一个高速增长阶段，而这一阶段往往又是必须依靠政权强有力主导的阶段。世界一些国家现代化的成功经验证明，一个强有力的政治权威在推进国家现代化过程中具有不可替代的重要作用。

我国的社会转型正处于新旧交替的关键时期，原有的均衡状态已被打破，原来建立在单一所有制和高度计划经济体制上的结构状态，随着新旧体制的转换而处于相对无序、失衡状态，成为很多社会矛盾的主要根源之一。在这种特殊的社会历史条件下，加强党的领导，维护党的执政权威有着极端的重要性。

另外，目前各种利益主体从原来板块状的结构中逐渐分化出来，作为参与经济生活的主体，他们对自身利益的自觉意识以及由利益推动而进行的经济活动，是市场经济发展的原动力。对这种原动力的忽视和抑制，并不符合经济发展和社会进步的要求。但是我国目前的市场机制尚不足以规范人们的经济行为，不同群体和个人在自身利益的驱使下的经济扩张冲动，并不利于形成市场的有序性。也就是说，由于市场规则发育与完善要经过一个过程，在当前市场规则与市场约束力没有足够强大的情况下，容易出现很多矛盾，甚至导致经济生活的混乱。

因此，只有强化党的权威，综合运用政权力量的调控能力和政策的规范引导作用，才能有效克服当前存在的一系列社会矛盾。特别是在计划体制的约束力逐步退出，新的市场化力量和法制力量相对有限的情况下，党的有效领导是社会稳定的保障，也是改革顺利进行和经济不断发展的政治保证。

后　记

1997 年是一个继往开来、具有里程碑意义的一年。

1998 年 1 月 1 日上午，中国人民政治协商会议在全国政协礼堂举行新年茶话会。中共中央总书记、国家主席、中央军委主席江泽民在茶话会上发表讲话，对于中国共产党和中国人民在刚刚过去一年里所取得的重大成就，给予了高度的评价。他指出：

> 1997 年，是我们党和国家历史上非常重要而又极不平凡的一年。年初，敬爱的邓小平同志离开了我们，全党全军全国各族人民紧密团结在党中央周围，毫不动摇地坚持党的基本理论和基本路线，把建设有中国特色社会主义事业继续推向前进。我国政府顺利恢复对香港行使主权，保持了香港的繁荣稳定，在完成祖国统一大业的道路上迈出了重要的一步。我们胜利召开党的十五大，高举邓小平理论伟大旗帜，总结历史，展望未来，制定了党在社会主义初级阶段的基本纲领，对改革开放和现代化建设跨世纪

发展作出了全面部署。这两件大事，极大地鼓舞全党和全国各族人民更加紧密地团结起来，为把我国建成富强民主文明的社会主义现代化国家，完成祖国统一大业而奋斗。

“非常重要而又极不平凡”，这个评价深刻揭示了1997年对于中国人民和中国共产党人的特殊意义。

首先，实现祖国统一，是我们多少代人梦寐以求的理想，是实现“中国梦”的重要一环。在1997年，香港终于回归祖国，这在中华民族复兴的历史上，是一件具有里程碑意义的重大事件。正如江泽民所言：“1997年7月1日这一天，将作为值得人们永远纪念的日子载入史册。经历了百年沧桑的香港回归祖国，标志着香港同胞从此成为祖国这块土地上的真正主人，香港的发展从此进入一个崭新的时代。”不仅仅是香港的发展进入了一个崭新的时代，祖国统一的历史进程，也因此进入了一个崭新的时代。

其次，1997年我国经济建设实现“高增长，低通胀”的良好态势，这在我国经济建设史上，也是一件具有里程碑意义的重大事件。1993年到1997年，我国政府对经济运行采取有效的宏观调控措施，成功地扭转了“高增长，高通胀”的局面，到1997年，我国通胀率由1993年的14.7%和1994年的24.1%回落到1997年的2.8%，而1997年仍然保持高速增长的势头，经济增长8.8%，实现了“高增长，低通胀”的软着陆。这种成功的软着陆，不仅在中国的经济发展史上具有里程碑的意义，而且在世界经济发展史上也是不多见的。当年世界银行的副总裁到中国来访，盛赞这一成功案例，认为仅凭这次精彩的软着陆，就可以拿诺贝尔经济学奖。

最后，1997 年召开的中共十五大，无疑将作为一次承先启后、继往开来的盛会而载入史册。十五大报告，是一篇面向新世纪的中国共产党宣言。这个报告在理论上的新突破、新建树，在中国共产党的理论发展史上，同样具有里程碑的意义。从改革开放到 1997 年，随着改革的深化，中国共产党人对于社会主义社会的认识在许多方面有了重大的突破。诸如：

关于社会主义公有制经济的含义。以往，我们一直认为，所谓公有制经济，就是指全民所有制经济和集体所有制经济。但是，这个概念明显不符合改革开放以来出现的新情况。例如，一些混合所有制企业中的国有、集体成分，应该属于公有制经济，但在认识上却没有统一起来。根据改革开放以来出现的新情况，江泽民在十五大报告中明确指出，公有制经济不仅包括国有经济和集体经济，还包括混合所有制经济中的国有成分和集体成分。

关于公有制主体地位的主要体现，以往的认识也不统一。在总结改革开放的实践经验的基础上，江泽民在十五大报告中提出，公有制主体地位的主要体现是：公有资产在社会总资产中占优势；国有经济控制国民经济命脉，对经济发展起主导作用。所谓主导作用，主要体现在控制力上。

关于公有制的实现形式，以往在理论上和实践上都有很大的局限性。有些人把股份制归为私有化，就是由于受传统的所有制观念的束缚。这一次，江泽民在十五大报告中对于这个问题有了较大的突破。他指出："公有制实现形式可以而且应当多样化。一切反映社会化生产规律的经营方式和组织形式都可以大胆利用。要努力寻找能够极大促进生产力发展的公有制实现形式。"这段论述，为股份制究竟是姓"社"还是姓"资"的争论做了结论：股份制作为现代企业的一种资本组织形式，资本主义可以利用，社会主义也可以利用，不能笼统地说股份制是公有还是私有。

根据深化改革的实践，十五大报告在若干理论问题上有了重大突破。这种理论突破，不仅在进一步深化改革方面具有重要的指导意义，而且还具有不可忽略的认识论意义。毛泽东曾有一句名言："人类的历史，就是一个不断地从必然王国向自由王国发展的历史。这个历史永远不会完结……人类总得不断地总结经验，有所发现，有所发明，有所创造，有所前进。停止的论点，悲观的论点，无所作为和骄傲自满的论点，都是错误的。"改革的深化和认识的突破，再一次证明了这个真理。它说明，人们对于客观事物的认识，是一个不断深化的永无止境的过程，不可能一次穷尽。也就是说，正确的理论，只是为人们的认识和实践开辟了道路，而不是人们认识的终结。对于邓小平理论也是如此。只有这样去认识问题，我们才能不断地去研究新问题，提出新观点，做出新结论，开辟新局面。这也可以说是中国共产党人在 1997 年的一个认识论方面的结论。

显然，1997 年在共和国历史上是很值得我们大书一笔的。

但由于我们的水平有限，书中难免有疏漏之处，诚恳希望读者批评指正。

本书的分工是：引言、第一章、第二章及后记由朱地撰写，第三章由张志明撰写。最后由朱地统稿。